GUIA SUNO
FUNDOS DE INVESTIMENTOS

GABRIELA MOSMANN

GUIA SUNO
FUNDOS DE INVESTIMENTOS

Como lucrar com estrategistas profissionais
do mercado financeiro

São Paulo | 2021

SUMÁRIO

A MISSÃO DA SUNO RESEARCH **[9]**

PREFÁCIO, por Marcos Baroni
A mecânica e as reais expectativas
dos fundos de investimentos **[12]**

I – INTRODUÇÃO **[14]**

Investindo no longo prazo [15]

Obtendo sucesso a longo prazo [16]

II – ENTENDENDO OS FUNDOS
DE INVESTIMENTOS **[19]**

O que são fundos de investimentos? [21]

Regulamentação [24]

Cotista, o investidor [27]

Cota, o investimento [27]

Comunicação com o cotista [28]

Assembleia Geral de Cotistas [30]

Fundos abertos e fundos fechados [30]

Fundos restritos e fundos exclusivos [31]

III – QUEM É QUEM? **[33]**

Gestor [33]

Administrador [34]

Custodiante [35]

Auditor [36]

Distribuidor [36]

Política de investimentos [37]

Regulamento [37]

Lâmina de informações essenciais [41]

Formulário de informações complementares [42]

Termo de adesão [43]

Aplicação e resgate: prazos de cotização [43]

Aplicação de recursos por parte do cotista e
compra de ativos pelo gestor [44]

Resgate de recursos por parte do cotista e
venda de ativos pelo gestor [45]

Prazo de cotização: resumos [45]

Taxa de administração [46]

Taxa de performance [46]

Outras taxas [47]

IV – POR QUE INVESTIR? [48]

Gestão profissional [50]

Melhor utilização do seu tempo [51]

A diversificação minimiza o risco [51]

Vantagens tributárias [52]

Acesso a mais opções de investimentos [53]

V – OS TIPOS DE FUNDOS DE INVESTIMENTOS [54]

O que compõe as carteiras dos fundos? [54]

Classificação dos fundos de investimentos [57]

Fundos de investimentos de renda fixa [58]

Fundos de investimentos multimercados [62]

Fundos de investimentos em ações [66]

Fundos de investimentos cambiais [70]

ETFs [71]

Gestão ativa *versus* passiva [72]

Fundos de Investimentos Imobiliários (FIIs) [72]

VI – FATORES DE RISCO [74]

Riscos gerais [75]

Risco de mercado [75]

Risco de crédito [76]

Risco de liquidez [76]

Risco de concentração de ativos financeiros
de um mesmo emissor [76]

Risco pela utilização de derivativos [77]

VII – COMO ANALISAR E ESCOLHER UM FUNDO [78]

Histórico de desempenho [79]

Riscos [80]

Taxas [81]

Liquidez [82]

Gestão [83]

Documentos [84]

Comprando um fundo na prática [85]

VIII – COMPONDO A SUA CARTEIRA DE INVESTIMENTOS [90]

Avalie o risco com o qual você se sente confortável [92]

Perfis de risco	[94]
Realizando os seus objetivos	[95]
Objetivo de curto prazo	[96]
Objetivo de médio prazo	[97]
Objetivo de longo prazo	[97]
Quantos fundos possuir?	[99]

IX – TRIBUTAÇÕES & DECLARAÇÕES [100]

PARTE 1: TRIBUTAÇÕES	[100]
Fundos negociados diretamente por corretoras ou bancos	[101]
Fundos negociados via *Home Broker*	[104]
PARTE 2: DECLARAÇÕES	[105]
Fundos negociados diretamente por corretoras ou bancos	[106]
Fundos negociados via *Home Broker*	[109]
Considerações finais	[110]

X – CONCLUSÃO [112]

PERFIL DO INVESTIDOR: TESTE DE TOLERÂNCIA AO RISCO [116]

Questões	[116]
Respostas	[119]
Observações	[120]

PALAVRAS DE AGRADECIMENTO, por Gabriela Mosmann [121]

GLOSSÁRIO [122]

A MISSÃO DA SUNO RESEARCH

A cada geração, uma parte da humanidade se compromete a deixar o mundo um lugar melhor do que encontrou. Esse contingente populacional acredita que, para tanto, é preciso investir em inovações.

Foram as inovações promovidas pela humanidade, ora confundidas com descobertas, ora confundidas com invenções, que nos tiraram da Idade da Pedra e nos colocaram no olho do furacão da Era Digital.

Nos últimos séculos, quase todas as inovações científicas e tecnológicas foram difundidas pelas instituições empresariais, sejam elas privadas ou públicas, sejam elas visando lucros ou não.

Grande parte das empresas que promoveram inovações recorreu ao mercado de capitais para obter financiamentos para os seus projetos. Essa premissa continua válida.

Os países onde os mercados de capitais são mais desenvolvidos concentram também as empresas mais inovadoras do planeta. Nos Estados Unidos, milhões de pessoas investem suas economias nas Bolsas de Valores.

Grande parte dos norte-americanos obtém a independência financeira, ou o planejamento da aposentadoria, associando-se com grandes empresas que movimentam a economia global.

São bombeiros, advogados, professoras, dentistas, zeladores, ou seja, profissionais dos mais diversos tipos que se convertem em investidores, atraindo empreendedores de várias origens, que encontram dificuldades de empreender em sua terra natal.

No Brasil, o mercado de capitais ainda é muito pequeno perto de sua capacidade plena. Apenas um por cento da população brasileira economicamente ativa investe por meio da Bolsa de Valores de São Paulo.

A missão da Suno Research é justamente promover a educação financeira de milhares de pequenos e médios investidores em potencial.

Como casa independente de pesquisas em investimentos de renda variável, a Suno quer demonstrar que os brasileiros podem se libertar do sistema público de previdência, fazendo investimentos inteligentes no mercado financeiro.

O brasileiro também pode financiar a inovação, gerando divisas para seu país e se beneficiando dos avanços promovidos pela parceria entre investidores e empreendedores.

O investidor brasileiro em potencial ainda tem receio de operar em Bolsa. Vários são os mitos sobre o mercado de capitais, visto como um ambiente restrito aos especialistas e aos mais endinheirados.

A facilidade para realizar aplicações bancárias – embora pouco rentáveis – e os conflitos de interesse de parte das corretoras de valores, que fornecem análises tendenciosas de investimento visando comissões com transações em excesso, são fatores que também distanciam muita gente do mercado financeiro nacional.

Como agravante, a Suno tem em seu segmento de atuação empresas que fazem um jogo publicitário pesado, oferecendo promessas de enriquecimento que não se comprovam na realidade. Não existe enriquecimento rápido; tal possibilidade ocorre no longo prazo.

Por meio de seus artigos, análises de empresas e fundos imobiliários, vídeos, cursos e agora também livros, a Suno vem para iluminar a relação do brasileiro com o mercado de capitais, que, se não tem a solução para todos os problemas, é parte do esforço da humanidade para deixar este mundo melhor, por meio de investimentos em valores monetários, morais e éticos.

PREFÁCIO

A mecânica e as reais expectativas dos fundos de investimentos

Por Marcos Baroni[1]

No Brasil temos uma lacuna histórica no âmbito da educação financeira. Grande parte dos brasileiros ainda não se aproximou de produtos mais sofisticados, que possam oferecer uma relação entre risco e retorno adequada para um portfólio diversificado e de longo prazo.

Os fundos de investimentos são veículos que permitem aos cotistas buscar alternativas em diversos mercados, valendo-se de um viés profissional e, portanto, com posições ancoradas em premissas que possam oferecer ganhos consistentes.

Pessoalmente, tenho maior aderência aos fundos de investimentos imobiliários. No entanto, quero destacar que os fundos, em geral, são cestas de ativos que buscam alocar recursos com eficácia, considerando múltiplas táticas e estratégias em diversos mercados.

---

1. O professor Marcos Baroni (1978) é formado em Tecnologia da Informação e pós-graduado em Educação. Em 1998 começou a lecionar em cursos de graduação e MBA nas áreas de Gestão de Projetos e Processos, iniciando também seus investimentos no mercado financeiro. Desde 2008 leva, para várias cidades do Brasil, conhecimento sobre como conquistar a independência financeira com foco em fundos imobiliários. É coautor do *Guia Suno Fundos Imobiliários*, lançado no formato *e-book* em 2018 e na versão impressa em 2019, e também do *e-book 101 Perguntas e Respostas sobre Fundos Imobiliários & O desempenho dos FIIs no contexto da crise do Coronavírus*, lançado em 2020.

Vale reforçar que, ao adquirir participação num fundo, o investidor está comprando a "mente" e a "mão" do gestor, isto é, um profissional capaz de oferecer inteligência ao seu capital e executar com maestria todas as alocações.

Este livro foi escrito por Gabriela Mosmann – uma profissional cintilante. Ela brilha na tela, presencialmente e, claro, em sua carreira, que ainda terá várias conquistas pela frente.

A nossa Gabi representa o futuro e seu livro trará aos investidores conceitos e ferramentas para compreender a mecânica e as reais expectativas dos fundos de investimentos.

Estou certo de que teremos cada vez mais brasileiros investindo de forma rentável e, para isto, o trabalho da nossa menina de ouro integra o início de uma grande revolução.

I
INTRODUÇÃO

Ao optar pelo investimento em um fundo, estamos demonstrando a nossa confiança nos gestores e administradores daquele produto. Confiamos que eles estarão buscando as melhores opções, assim como serão coerentes com a proposta de investimento atribuída ao fundo.

Fundos de investimentos são ótimas opções para a maioria das pessoas. Eles são empresas (possuem CNPJ) que reúnem os recursos (dinheiro) de diversas pessoas para criar um grande patrimônio para ser aplicado em ações, títulos de dívida, entre outros. Por meio de fundos, você tem especialistas gerenciando o seu dinheiro, diversificando as aplicações conforme o perfil do fundo – que deve estar alinhado ao seu –, permitindo que você tenha mais tempo para o lazer e atividades que tragam maiores benefícios.

Este livro foi escrito para te ajudar a evitar armadilhas do mercado financeiro, trazendo conhecimentos principalmente sobre fundos de investimentos, com o objetivo de maximizar as suas chances de sucesso no longo prazo. Porém, a sua decisão de investimento deve estar alinhada com os seus objetivos financeiros e a sua realidade.

Investir não é tão difícil. Na verdade, é algo que pode ser extremamente fácil, principalmente com o auxílio de bons fundos de investimentos.

Independentemente de suas eventuais dificuldades e dúvidas sobre renda fixa e renda variável, se você entender alguns conceitos básicos e descobrir como evitar erros crassos, poderá ter ainda mais sucesso do que a maioria dos chamados profissionais de investimento.

Os fundos podem assumir papéis fundamentais nas nossas vidas. Principalmente considerando que boa parte da população investidora aplica exclusivamente por meio dessa classe de ativos. Um fundo pode representar a conquista de metas importantes e esperança de realização de sonhos. Dessa forma, saber identificar um bom investimento torna-se um ponto central para o futuro financeiro de todos nós.

Investindo no longo prazo

No início das nossas vidas financeiras, investir soa como um ato de fé: uma disposição para adiar o consumo atual, economizar para o futuro e aguardar possíveis retornos. Entretanto, é investindo com foco no longo prazo que a crença se materializa. A constância de propósito é o que vai garantir que o investidor evite a rotatividade nos seus investimentos e permitir o trabalho dos juros compostos.

Ao optar pelo investimento em um fundo, estamos demonstrando a nossa confiança nos gestores e administradores daquele produto. Confiamos que eles estarão buscando as melhores opções e que serão coerentes com a proposta de investimento atribuída ao fundo.

A mentalidade de investimento de longo prazo também será a responsável pela nossa tolerância ao risco. A economia muda, o imprevisível ocorre e a volatilidade dos mercados se acentua: tais fatores são certos, sendo algumas das poucas certezas no mundo dos investimentos.

O risco existe e isso é bom, pois apenas com risco podemos ter retornos significativos. Portanto, como bons investidores, precisamos compreender os riscos e não deixar que eles nos afastem do mercado e muito menos afetem a nossa constância nos aportes.

O mercado de ações – como também o de títulos – é imprevisível no curto prazo, porém o seu padrão de risco e o retorno de longo prazo são visivelmente estáveis. Mesmo não possuindo garantias de que esses padrões se repetirão, o bom senso nos mostra que nossas melhores chances estão em nos mantermos confiantes na capacidade do mercado de gerar bons frutos no longo prazo.

Obtendo sucesso a longo prazo

Embora a maioria dos investidores ainda não tenha adotado a mentalidade de investimento de longo prazo, pode ser fácil alcançá-la. No mundo real, os investidores inteligentes devem prestar atenção aos elementos de investimento de longo prazo que estão sob seu controle. Não importa o quão difícil pareça, eles devem se concentrar não na direção de curto prazo do mercado, nem em encontrar o próximo investimento do momento, mas na seleção inteligente de fundos de investimentos.

A chave para a seleção de fundos é se concentrar não no retorno futuro (que você não consegue controlar), mas no risco, custo e tempo (que você pode controlar).

Assim como as sementes se desenvolvem lentamente até se tornarem árvores robustas, o sucesso dos investimentos leva tempo. Dê a si mesmo todo o tempo que puder.

Comece a investir o quanto antes, mesmo que seja pouco. Os juros compostos podem ser os seus melhores amigos quando o assunto é atingir uma meta financeira, mas isso apenas será viável se você estiver disposto a colocar o tempo nessa equação.

Mesmo pequenas quantias, se investidas durante um tempo considerável, poderão se tornar montantes significativos.

O retorno histórico do Ibovespa tem sido de 11% ao ano. Portanto, se você investir seu dinheiro todo mês, mesmo que pouco, então ao longo de 20 ou 30 anos poderá ter uma quantia substancial em mãos.

Porém, é importante lembrar dos custos que podem envolver esses investimentos. Melhor que apenas lembrar é conseguir evitá-los.

Inicialmente, você deve saber eliminar os custos de assessorias ineficientes, principalmente aquelas que buscam passar sugestões que sejam boas para elas, e não para você.

Em seguida, atente-se sempre para as taxas cobradas por fundos de investimentos. Outro ponto muito importante é evitar a sua rotatividade em investimentos diversos: escolha bons produtos e permaneça neles: ao ficar entrando e saindo de diversos fundos, você paga impostos e também prejudica a performance de longo prazo.

Esses pontos são a base para a estratégia de sucesso. A maioria dos investidores não respeita essas premissas, desviando-se das verdadeiras oportunidades e garantindo apenas resultados frustrantes. A busca incansável de desempenho irrealista, praticada por meio de estratégias dispendiosas de curto prazo, distrai-os de um dos mais importantes segredos do sucesso do investimento: a simplicidade. Ao complicarem o processo, aumentam a probabilidade de tropeçar pelo caminho.

Siga um plano simples e deixe os ciclos do mercado seguirem o seu curso. O maior segredo dos bons investimentos é, finalmente, que não há segredo.

Investir é um dever, principalmente se você possui objetivos financeiros. O maior risco que você encontrará nesse processo é o de não ter colocado seu dinheiro para trabalhar e ter perdido a chance de conquistar seus sonhos no médio e longo prazo. Não perca o foco por medo de desvios e da volatilidade de curto prazo.

Permita-se o tempo necessário para começar, mas comece o quanto antes. O tempo será seu aliado: comece com pequenas quantias e nunca pare. Ao criar o hábito de investir, o milagre dos juros composto surgirá.

Simplifique o processo e se mantenha no curso. Os bons retornos dos investimentos estão muito mais atrelados à constância de aportes do investidor do que à busca por modelos complexos de aplicações. Conheça seu objetivo, defina uma estratégia e seja fiel a ela. Unindo esses fatores, você prosperará.

II
ENTENDENDO OS FUNDOS DE INVESTIMENTOS

Todos os fundos são regidos por regulamentos, os quais devem ser disponibilizados para todos os cotistas juntamente com o prospecto de cada fundo. No regulamento de um fundo são estabelecidas todas as regras básicas de funcionamento e outras informações relevantes, como a composição da carteira, limites de cada ativo, além dos riscos.

Os fundos de investimentos são classificados amplamente conforme seus objetivos, assim como as fabricantes de automóveis segmentam seus modelos. Esses rótulos ajudam o comprador do veículo e o investidor do fundo a ter uma visão geral do produto, antes mesmo de ver os detalhes.

Ao entrar numa concessionária e se interessar por um carro, os vendedores deduzem que você sabe o que significa "sedã" ou "conversível". E se o vendedor perguntar se você quer algo como "WYZXX" ou um "CBAXX"? Se você não é conhecedor de automóveis, provavelmente não saberá o significado desses nomes, então como decidir?

Assim como pequenas diferenças em cada modelo de veículo podem ser muito relevantes de pessoa para pessoa, o mesmo se aplica para produtos de investimento. Infelizmente, os conhecimentos populares sobre carros são muito maiores do que sobre finanças.

Nossos olhos podem perceber dezenas de cores diferentes e centenas de variações entre elas. Podemos ver tantas cores com facilidade que esquecemos algo aprendido há muito tempo, nos nossos primeiros dias de escola: todas as cores são baseadas em combinações de apenas três cores primárias: vermelho, azul e amarelo.

No mundo dos investimentos é semelhante: por mais que intuitivamente pareça complexo, os seus pilares são muito simples. O número aparentemente infinito de investimentos é baseado em apenas dois tipos principais: títulos de dívida e ativos de participação patrimonial. Basicamente, você empresta dinheiro ou adquire participação societária.

Títulos de dívida são investimentos originados de empréstimos. Um empréstimo ocorre quando um credor disponibiliza uma quantia a um mutuário (tomador do empréstimo) mediante a cobrança de uma taxa (juros), até que o montante original (principal) seja integralmente devolvido.

Os investimentos mais conhecidos nessa categoria são os certificados de depósito bancário (CDBs), letras de crédito imobiliário e agrícola (LCIs e LCAs), títulos do Tesouro (Tesouro SELIC, prefixado e IPCA) e as debêntures. Todos esses investimentos são empréstimos, podendo ser tomados por bancos (via CDB), por empresas (via debêntures) ou mesmo pelo governo federal (via Tesouro Direto).

Por meio de títulos de dívida, você garante um retorno conforme estipulado no momento da aquisição do título. Esses investimentos envolvem riscos geralmente menores que investir em ações, por exemplo. Por serem investimentos que deixam claro qual será a taxa ou o indicador vinculado a remuneração, são denominados como renda fixa. Esses ativos te retornarão o valor investido e uma taxa definida – tal característica minimiza os riscos, mas também limita os possíveis ganhos.

Ao emprestar dinheiro a uma empresa, mesmo podendo rentabilizar o capital emprestado, você não compartilha do sucesso dela. Se a empresa dobra ou triplica em tamanho e lucros, o crescimento é bom para a empresa e seus proprietários. Como um credor, você tem certeza de ter seu empréstimo de volta, mas você não colhe nenhuma das recompensas do crescimento do negócio. Por outro lado, ao decidir se tornar sócio, você recebe proporcionalmente uma parcela desse desempenho, mas também adquire os riscos atribuídos à organização a qual se associou.

Você se torna sócio ou proprietário quando compra um ativo que possui a capacidade de gerar lucros; seja esse ativo físico, como um prédio, ou financeiro, como a participação acionária numa empresa. Por serem investimentos dos quais você não possui garantias de retornos, são denominados renda variável, podendo gerar ganhos via pagamento de dividendos (distribuição dos lucros) ou pela variação do valor investido.

O que são fundos de investimentos?

Fundos de investimentos estão disponíveis em bancos, corretoras e plataformas independentes, variando em nomes, taxas, objetivos e gestão.

Fundos de investimentos são semelhantes a um condomínio residencial. Quando você investe seu dinheiro num fundo, está adquirindo cotas de investimento. Ao comprar cotas de um fundo, é como se você comprasse um apartamento de um prédio. Um fundo é como um prédio com milhares de pequenos apartamentos, cada um sendo uma cota. Prédios precisam de um síndico e provavelmente de uma zeladoria: são esses os responsáveis pela manutenção e administração deles, por meio de diversos serviços necessários para o bom funcionamento do imóvel.

Numa definição mais conceitual, um fundo de investimentos representa um conjunto de recursos monetários, formado por depósitos de grande número de investidores (cotistas). Esses recursos são destinados à aplicação coletiva em carteira de títulos e valores mobiliários. Assim, um fundo vai oferecer, principalmente, o benefício da concentração de recursos, trazendo vantagens sobretudo ao pequeno investidor com baixo volume individual de capital disponível para aplicação.

O patrimônio do fundo é a união dos recursos dos cotistas. Um fundo de investimentos existe quando diversos investidores se unem para realizar investimentos conjuntos, tendo seu dinheiro administrado por um gestor.

Sabemos que nada é de graça e, provavelmente, um bom serviço possui um preço compatível. Assim como num prédio é preciso pagar um valor de condomínio por cada apartamento, em um fundo é preciso pagar algumas taxas para o seu funcionamento, as quais podem variar de zero até 5% do patrimônio investido.

Esses valores são as taxas pagas ao administrador do fundo para cuidar de todos os procedimentos para o seu funcionamento. O administrador vai coordenar as tarefas do fundo como se fosse o zelador do prédio, sendo a taxa de administração o pagamento do condomínio para cobrir os custos da zeladoria.

Ao contrário dos apartamentos, que não geram renda – caso você não os alugue –, o objetivo de um fundo é aplicar o valor investido em ativos financeiros para rentabilizar. Onde o fundo investirá os recursos captados dependerá do tipo de fundo (por exemplo: renda fixa, ações ou cambial) e da sua gestão.

O grande diferencial dos fundos de investimentos é que você pode contar com a gestão de um profissional altamente qualificado para gerir o seu dinheiro. O gestor será responsável pelas decisões de investimentos: onde aplicar e quanto aplicar em cada tipo de ativo. Ao investir em um fundo de investimentos, você passa a responsabilidade da gestão dos seus ativos para o gestor do fundo.

O gestor vai, a partir de todo o capital que o fundo possui, escolher os melhores ativos segundo as características desse fundo. Voltando à nossa analogia, é como o trabalho do seu síndico: ele não irá fazer reunião de condomínio para cada decisão, pois realizará os procedimentos de cuidados do prédio conforme previamente definido. Todo fundo possui um regulamento que demonstra os seus objetivos, onde ele pode aplicar, quanto da carteira ele pode alocar em cada tipo de ativo e diversas outras informações que delimitam o campo de atuação do gestor.

As classificações são diversas: alguns investem em ações, outros em renda fixa, existem os cambiais, imobiliários, entre outros. Cada um funcionará de forma parecida; a diferença é que farão investimentos segundo o tipo estrutural de cada um. Eles possuem nomes autoexplicativos, ou seja: fundos de renda fixa investem em ativos de renda fixa, fundos imobiliários investem em imóveis, fundos de ações em ações, e assim por diante.

Na maioria dos fundos, é possível entrar e sair praticamente no momento desejado, geralmente com poucos dias entre a solicitação do resgate do investimento e o seu resgate efetivo (quando o dinheiro entra na sua conta). Tal parâmetro de liquidez está descrito no regulamento. Nos fundos com liquidez em "D+1", você precisará aguardar um dia desde a data de solicitação de resgate até ter o seu dinheiro disponibilizado. Fundos em "D+10", dez dias, fundos em "D+30", trinta dias, e assim por diante.

Além da gestão qualificada, outra grande vantagem de investir num fundo é que você pode acessar uma grande diversidade de tipos de ativos sem precisar de altos investimentos. Muitos bons fundos são acessíveis com investimentos iniciais de R$ 3 mil a R$ 5 mil, disponibilizando uma carteira já bem diversificada, o que poderia custar muito mais, caso você desejasse compô-la por si mesmo.

Assim como existem diversos tipos de fundo, há diferentes fundos para cada perfil de risco. Antes de realizar um investimento num fundo, é importante entender o próprio perfil de risco e se ele está alinhado ao perfil do fundo. Investidores conservadores devem evitar fundos muito expostos ao mercado de renda variável, por exemplo.

Regulamentação

Todos os fundos são regidos por regulamentos, os quais devem ser disponibilizados para todos os cotistas juntamente com o respectivo prospecto. No regulamento de um fundo são estabelecidas todas as regras básicas de funcionamento e outras informações relevantes, como a composição da carteira, limites de cada ativo, além dos riscos.

Muitos investidores, ao escolherem um fundo, acabam ignorando a existência do regulamento e também do prospecto do fundo. Entretanto, esses documentos são disponibilizados com fácil acesso, tanto no *site* da gestora como na plataforma da corretora que disponibiliza a aplicação.

Um ponto que passa despercebido pela maior parte dos investidores que optam por fundos de investimento é a questão regulatória. Esses produtos, devido à sua ampla popularidade, precisam ser controlados e regulados para garantir que a segurança e os direitos dos investidores sejam respeitados no momento em que eles escolhem aplicar seu dinheiro em determinados fundos de investimentos.

No Brasil existe uma regulamentação específica para fundos de investimentos. A existência de regras se faz necessária não apenas pela popularidade desses produtos, mas também para a uniformização das classificações de fundos, a atuação das empresas ligadas a essa indústria e a definição de procedimentos necessários para a solidez do sistema financeiro como um todo, além de maior segurança para o investidor individual.

O órgão responsável pela regulação é a Comissão de Valores Mobiliários (CVM), que atua na fiscalização das empresas participantes desse mercado, visando proteger os indivíduos que investem nesse tipo de produto financeiro.

A CVM é como um xerife do mercado financeiro. Ela tem a função de proteger os investidores contra emissões irregulares ou qualquer ato ilegal dos administradores e acionistas que controlam as companhias participantes do mercado. Dessa forma, busca garantir o funcionamento eficiente dos mercados, cabendo a ela coibir possíveis fraudes ou manipulação de transações, protegendo os investidores das condições artificiais de demanda, oferta ou preço dos ativos que possam prejudicar a sua negociação normal.

Todo fundo de investimentos disponível hoje é regulado pela CVM. Todos os fundos passam por uma rígida fiscalização para poderem ser disponibilizados ao público em geral. Mesmo sabendo que podem existir falhas em qualquer processo e também problemas em órgãos fiscalizadores, a atuação da CVM frente a essa indústria garante um ponto a mais de segurança.

Também cabe à CVM a responsabilidade pelo funcionamento correto desses produtos. Assim, caso você perceba que algo não está correto em um fundo de investimentos, é com a CVM que deve entrar em contato.

A CVM ainda atua no controle da divulgação de informações necessárias aos fundos. Muitas dessas informações podem ser pontuais, fatos ocorridos e que provavelmente não serão repetidos. No entanto, existe uma ampla gama de informações periódicas necessárias para a garantia do bom funcionamento da indústria.

O órgão garante que, diariamente, o cotista deverá ter acesso ao valor da cota e do patrimônio líquido do fundo, via *site* do administrador do fundo e da própria CVM. Mensalmente, o administrador deve enviar ao investidor o extrato de sua conta, com informações gerais sobre o fundo e sua rentabilidade, além de encaminhar à CVM o balancete e a composição da carteira. Anualmente, os cotistas devem receber do administrador a demonstração de desempenho do fundo, enquanto a CVM recebe as demonstrações contábeis com o parecer do auditor independente.

As regras para constituição e funcionamento dos fundos de investimentos foram instituídas em dezembro de 2014 por meio da Instrução 555, da CVM. Anteriormente já existiam outras regulações, porém foi a Instrução 555 que consolidou as informações, pois a partir dela temos que a captação de recursos só poderá ocorrer após o devido registro do fundo, feito pelo administrador junto à CVM, por meio da instituição do seu regulamento.

No ato do registro do fundo, são exigidos o regulamento e diversas outras informações importantes, como a indicação do auditor independente, a formalização do fundo (CNPJ), a lâmina de informações essenciais, os dados relativos ao registro do regulamento em cartório de títulos e documentos, além da declaração do administrador de que o fundo é aderente à legislação em vigor. O regulamento do fundo é o que rege a sua política de funcionamento e este só pode ser alterado por decisão dos cotistas ou em caso de necessidade de adequação à legislação.

Cotista, o investidor

Um cotista, ou condômino, é o investidor que decide aplicar num fundo de investimentos, adquirindo cotas que representam seu patrimônio nele investido. A propriedade de todos os ativos investidos pelo fundo é dos cotistas.

Ao optar por um fundo, o cotista adquire algumas obrigações, sendo que a principal é o cumprimento do regulamento do fundo. Muitos investidores desconhecem os regulamentos.

Entretanto, ao investirem em um fundo, eles são obrigados a assinar um termo de adesão, atestando que estão cientes dos riscos e que tiveram acesso aos documentos entregues pelo administrador ou distribuidor do fundo, além de confirmar o conhecimento da política de investimentos e dos riscos envolvidos no negócio, inclusive de possível ocorrência de patrimônio negativo, com o consequente aporte de novos recursos com a finalidade de cobrir o prejuízo.

Outra obrigação é com os pagamentos das taxas existentes. Os cotistas, ao aplicarem num fundo, compram uma quantidade de cotas e pagam uma taxa de administração referente às tarefas do fundo, entre elas a de gerir seus recursos no mercado. Essa taxa representa o preço pago pelos serviços prestados para a existência do fundo, como a administração e gestão da carteira. O percentual dessa taxa é fixado pela própria administradora e está previsto em seu regulamento, bem como outras taxas que podem vir a ser cobradas dos cotistas.

Cota, o investimento

Um fundo é dividido em partes, sendo elas conhecidas por cotas. As cotas de um fundo são a representação do patrimônio investido pelo cotista, sendo elas frações do patrimônio total do fundo de investimentos. Elas são escriturais, nominativas e conferem iguais direitos e obrigações. A diferença é que cotistas com mais cotas possuem maior peso nas votações em Assembleia.

Cada valor aplicado no fundo corresponde a uma quantidade de cotas, sendo o patrimônio formado pelos investidores convertido em ativos, podendo ser de renda fixa ou variável.

As cotas geralmente são disponibilizadas diariamente, sendo a sua representação pelo patrimônio aplicado em conjunto com a sua valorização. Assim, se ao final do dia os ativos em que o fundo investe se valorizarem, isso será refletido no valor da cota. Dessa forma, novas aplicações nesse fundo se darão ao valor da cota atualizado.

O valor da cota é calculado diariamente (após o horário de fechamento dos mercados em que o fundo atua) pela divisão entre o patrimônio atualizado a preços de mercado e a quantidade de cotas emitidas. A fórmula abaixo é utilizada pelo administrador para o cálculo do valor da cota:

(Valor dos ativos – despesas do fundo) / Nº de cotas emitidas pelo fundo
= Valor da cota no dia

Ou seja: o resultado do valor dos ativos, menos as despesas do fundo, é dividido pelo número de cotas emitidas pelo fundo para encontrar o valor da cota no dia do cálculo.

A quantidade de cotas possuídas por um investidor é sempre a mesma, exceto nos casos em que há a aquisição de novas cotas, de resgate de cotas ou de um recolhimento de Imposto de Renda na forma de "come-cotas".

Comunicação com o cotista

A maioria dos cotistas de fundos acaba por não ter relevância nas escolhas ou mesmo capacidade para intervir diretamente no fundo, individualmente. Porém, todas as alterações relevantes da política de investimentos dos fundos devem ser aprovadas em Assembleia, devidamente comunicada e aberta aos cotistas. Existem também diversas outras informações que devem ser repassadas de forma correta aos cotistas do fundo, como alterações regulatórias.

A fim de garantir a veracidade de informações, a CVM estabelece que os documentos com exigência de comunicação devem ser encaminhados aos cotistas por meio físico. Caso haja manifestação expressa no regulamento do fundo, tais informações podem ser disponibilizadas *online*. Para os fundos em que não há envio físico, poderá existir essa possibilidade, sendo especificado no regulamento se os custos referentes ao processo serão de responsabilidade do fundo ou dos cotistas que optarem por essa modalidade.

Rio de Janeiro, 15 de abril de 2019.

Ref.: Convocação para Assembleia Geral do 2545 - **GTI DIMONA BRASIL FIA** (CNPJ: 09.143.435/0001-60).

Prezado(a) Investidor(a),

Serve a presente para convidá-lo(a) a se reunir em Assembleia Geral de Cotistas na sede social do Administrador do Fundo em epígrafe, à Av. Presidente Wilson, nº 231, 11º andar, Centro, Rio de Janeiro, RJ, a ser realizada no próximo dia 30 de abril de 2019, às 11:39 horas, a fim de deliberar a seguinte ordem do dia:

I. Apreciação das demonstrações financeiras correspondentes ao exercício social encerrado em 31 de dezembro de 2018 e parecer dos auditores independentes.

Os documentos pertinentes estarão à disposição dos(as) Investidores(as) na sede social do Administrador.

Atenciosamente,

BNY Mellon Serviços Financeiros Distribuidora de Títulos e Valores Mobiliários S.A.
Administrador

Reprodução de Convocação para Assembleia Geral do GTI Dimona Brasil FIA, divulgada em 15 de abril de 2019.

Assembleia Geral de Cotistas

Todas as principais decisões que envolvem fundos de investimentos são tomadas em uma Assembleia Geral de Cotistas. Essa Assembleia busca deliberar sobre política de investimentos, prestação de contas do administrador, alterações no regulamento do fundo, contratação ou substituição do administrador, definição da taxa de administração, liquidação do fundo e emissão de novas cotas. No caso de fundos fechados, são discutidas, ainda, a amortização e o resgate compulsório de cotas, dentre outros.

Todos os cotistas são convidados a participar da Assembleia, sendo a convocação feita com, no mínimo, dez dias de antecedência, via correspondência, na qual devem constar dia, hora, local e todas as matérias a serem deliberadas pelos cotistas.

Assembleias podem ser convocadas a qualquer momento, tanto pelo administrador, como pelo gestor, custodiante, cotista ou grupo de cotistas que possuam no mínimo 5% do total de cotas do fundo. Cada cota do fundo de investimentos representa um voto em Assembleia, sendo negados votos para administrador, gestor, sócios, diretores ou funcionários do administrador e do gestor, assim como empresas a eles ligadas, além dos prestadores de serviços ao fundo.

Vale ressaltar que as demonstrações contábeis dos fundos são apresentadas nas suas respectivas Assembleias, sendo necessária essa apresentação em até 120 dias após o término do exercício social.

Fundos abertos e fundos fechados

Fundos podem ser organizados como condomínios fechados ou abertos. Em fundos constituídos sob a forma de condomínio aberto, os cotistas podem comprar ou resgatar suas cotas a qualquer tempo, ou seja, podem investir e resgatar esse investimento no momento que desejarem.

Por outro lado, os fundos que são fechados não permitem essa liberdade. Esses produtos são constituídos com a intenção de possuírem um período de ingresso (entrada no fundo) determinado, com um prazo estipulado para fazer o investimento. Após o prazo de entrada, não são realizadas mais aplicações, exceto se o fundo abrir para captação novamente. As cotas do fundo não podem ser vendidas livremente como em fundos abertos e só podem ser resgatadas no momento de vencimento do fundo. Caso o cotista deseje vender as suas cotas, é necessário fazê-lo para outro investidor.

Fundos fechados podem ou não ter vencimento, existindo um período determinado para o resgate das cotas.

Já um fundo aberto pode optar por fechar para resgates e aplicações tanto para os cotistas atuais como para novos, cabendo essa decisão ao administrador do fundo. Essa decisão pode ocorrer devido à interpretação do administrador de que as possibilidades de investimento estão esgotadas ou que a liquidez dos mercados não viabiliza mais investimentos. Destacamos que o motivo do fechamento deve estar em linha com a política de investimentos do fundo em questão.

Fundos restritos e fundos exclusivos

Os fundos de investimentos denominados como "restritos" são aqueles que possuem um grupo específico de cotistas. Esses fundos são constituídos para serem restritos a alguns investidores, normalmente os membros de uma família ou empresas de um mesmo grupo econômico.

Já os fundos definidos como exclusivos foram constituídos para receber aplicações exclusivamente de um único cotista. O cotista de um fundo exclusivo deve ser classificado como um investidor qualificado.

Um investidor qualificado é uma pessoa física ou jurídica que possui investimentos de valor igual ou superior a R$ 1 milhão e que ateste essa condição por escrito. Também são considerados investidores qualificados os investidores profissionais que possuem certificações do mercado financeiro (Ancord, CGA, CEA, CNPI e CFP).

III
QUEM É QUEM?

Ao aplicar num fundo de investimentos, você não está adquirindo ações, títulos públicos e outros ativos, mas, sim, cotas daquele fundo. O fundo, sim, terá o investimento direto nesses ativos, sendo o gestor o responsável pela sua aquisição.

Fundos de investimentos possuem estruturas bem definidas. Essa característica vai desde sua criação – com regulamentos próprios – aos pilares organizacionais. Todo fundo conta com a presença de um gestor, um administrador, um custodiante, um auditor e um distribuidor. Essas figuras são representadas por empresas, podendo ser uma empresa responsável por várias dessas atividades, algo comum nos grandes bancos (Itaú, Santander e Bradesco, por exemplo).

Os papéis desses agentes são essenciais para a garantia da qualidade e resiliência do fundo. Entretanto, muitos investidores ignoram a sua importância ou mesmo a sua existência.

Destacamos que os profissionais na condição de gestor, administrador, custodiante, auditor e distribuidor devem estar autorizados pela CVM para poderem atuar em suas respectivas atividades, que são remuneradas por taxas aplicadas aos fundos, como a de administração e performance.

Gestor

Em geral associamos essa atividade a uma pessoa, entretanto o "gestor" normalmente é uma empresa. Muitas gestoras de recursos de terceiros são lideradas por uma pessoa, sendo ela, sim, o gestor. Entretanto, entenda que no regulamento do fundo quem estará como responsável pela gestão é a empresa, e não o indivíduo.

Isso é importante, pois o gestor pode deixar a empresa, mas os recursos investidos naquele fundo continuarão nela. Destacamos que o gestor pode ser uma pessoa física ou jurídica e, em ambos os casos, necessita ter registro na CVM (Comissão de Valores Mobiliários).

A gestão do fundo de investimentos é a responsável pelas escolhas dos ativos de sua carteira. A figura do gestor deve perseguir a estratégia do fundo definida na política de investimento. Esses investimentos devem estar sempre em linha com o permitido no regulamento do fundo de investimentos. Entretanto, é a empresa gestora, por meio de sua equipe, que guia essas decisões.

Quando decidimos investir diretamente em ações, por exemplo, e não em um fundo de investimentos em ações, nos tornamos os gestores do nosso patrimônio, pois somos nós que tomamos as decisões de compra e venda de cada ativo, bem como de quando realizar essas operações. No momento em que optamos por um fundo, terceirizamos essa atividade a outro tomador de decisões: a gestora de recursos de terceiros.

A ANBIMA (Associação Brasileira das Entidades dos Mercados Financeiro e de Capitais) tem a seguinte definição:

> *"O gestor é responsável pela compra e venda dos ativos do fundo, segundo objetivos e política de investimento estabelecida no regulamento."*

Administrador

Segundo a ANBIMA, o administrador do fundo é o responsável pelo funcionamento dele, podendo ser uma pessoa física ou jurídica. Essa atividade envolve cuidar do dia a dia do fundo, controlando os outros prestadores de serviços (gestor, custodiante e auditor), acompanhando os fluxos de caixa, calculando as cotas, entre outros compromissos. Além disso, o administrador também é responsável pela constituição do fundo e pelo seu registro na CVM, cabendo à empresa aprovar o regulamento e prestar contas aos reguladores e aos cotistas, seja divulgando o valor da cota diariamente, seja enviando um extrato mensal aos investidores, entre outras informações.

Uma das atividades mais relevantes de responsabilidade do administrador é o cálculo do valor da cota. Cabe ao administrador juntar todas as informações referentes aos investimentos e desinvestimentos realizados pelo gestor, todas as aplicações e os resgates comandados pelo distribuidor, além das variações de preços dos ativos, para calcular o valor da cota de fechamento do fundo. O administrador divulga, então, a carteira do fundo, com todos os ativos e a memória de cálculo do dia.

Custodiante

Ao aplicar num fundo de investimentos, você não está adquirindo ações, títulos públicos e outros ativos, mas, sim, cotas daquele fundo. O fundo, sim, terá o investimento direto nesses ativos, sendo o gestor o responsável pela sua aquisição.

As cotas que você possui, por sua vez, têm uma relação direta com os ativos adquiridos pelo fundo e com a valorização (ou desvalorização) destes papéis. Esses ativos adquiridos pelo fundo devem ser mantidos num lugar: eles são papéis e devem estar sob a custódia de uma empresa responsável por assegurar a sua guarda.

O serviço do custodiante é o de operacionalizar a compra e venda de cada um dos ativos, bem como de manter a guarda de todos os ativos em nome do fundo de investimentos. Assim, o custodiante é a empresa responsável por guardar os ativos do fundo. É ela que responde pelos dados e envio de informações dos fundos para os gestores e administradores.

Além de guardar os ativos do fundo de investimento, o serviço de custódia engloba a liquidação física e financeira dos ativos – ou seja, a efetivação da compra e a venda de ações, títulos e demais ativos escolhidos pelo gestor – e também a administração das informações de eventos associados a esses ativos.

Auditor

Assim como a maioria das empresas, fundos de investimentos também necessitam de auditoria externa. Esse serviço busca verificar se todas as informações disponibilizadas pela administração e gestão estão de acordo com as normas, regulamentos e direitos dos cotistas.

O auditor é uma empresa contratada pelo administrador do fundo, que tem a responsabilidade de auditar anualmente as contas e documentos desse fundo, os quais precisam seguir normas específicas da CVM. O papel do auditor dentro do fundo de investimento é garantir transparência para o investidor e a segurança de que a administração está sendo efetuada da maneira correta.

Distribuidor

O distribuidor é aquele que faz a intermediação entre o investidor e o produto de investimentos. É quem traça o perfil de risco do investidor por meio de questionários, resultando nas indicações dos investimentos que mais estejam em linha com o perfil verificado.

A decisão final de investimentos é do cliente. Porém, este pode investir em produtos que estejam fora do seu perfil de risco, mediante a assinatura de um termo de desenquadramento, no qual reconhece os riscos e assume a responsabilidade de investir num fundo diferente do seu perfil.

Cabe ao distribuidor, além da intermediação financeira, cuidar para que o cliente mantenha as suas informações cadastrais atualizadas. Ele também é responsável pela prevenção à lavagem de dinheiro, checando se as informações fornecidas pelos novos clientes são verídicas, assim como se possuem pendências judiciais ou com entidades de crédito.

Política de investimentos

A política de investimentos é o direcionamento pelo qual o gestor do fundo deve se guiar. Nessa política deve estar descrito em quais classes de ativos o fundo pode se expor, em conjunto com os níveis mínimos e máximos de exposição. A política de investimentos resume a estratégia aplicada pela gestão, ajudando o investidor a entender se ela atende suas necessidades e se está adequada ao seu perfil.

A política de investimentos só pode ser alterada por decisão dos cotistas em Assembleia Geral, devendo ser disponibilizada tanto no regulamento do fundo de investimentos como na lâmina de informações essenciais.

Regulamento

O administrador elabora um regulamento ao constituir um fundo de investimentos. Esse é o documento que define as regras de funcionamento para esse produto e que formalmente guiará as ações do gestor e do próprio administrador.

O regulamento é um documento de natureza mais estática, pois não sofre alterações constantes e possui uma linguagem com caráter bastante formal. Ele somente pode ser alterado via Assembleia Geral dos Cotistas. De forma muito resumida, é como se fosse a legislação ou leis que regem aquele fundo.

No regulamento constam todas as informações que o fundo precisa ter. A CVM estabelece regras para as informações que o documento deve apresentar, como:

- Qualificação do administrador, gestor e custodiante do fundo.
- Espécie do fundo (aberto ou fechado).
- Prazo de duração.
- Política de investimento, que caracteriza a classe do fundo.
- Taxa de administração.
- Taxas de performance, ingresso e de saída – se houver.
- Despesas do fundo.
- Condições para aplicação e resgate de cotas.
- Distribuição de resultados.
- Público-alvo.
- Exercício social do fundo.
- Política de divulgação de informações e interessados.
- Política relativa ao exercício de direito do voto do fundo, pelo administrador ou por seus representantes legalmente constituídos.
- Tributação aplicável.
- Fatores de risco.
- Política de administração de risco.

REGULAMENTO DO GTI DIMONA BRASIL FUNDO DE INVESTIMENTO EM AÇÕES
CNPJ nº 09.143.435/0001-60

Capítulo I. Do FUNDO

Artigo 1º. O GTI DIMONA BRASIL FUNDO DE INVESTIMENTO EM AÇÕES (doravante designado FUNDO) é uma comunhão de recursos, constituído sob a forma de condomínio aberto e com prazo indeterminado de duração, destinado à aplicação em ativos financeiros.

Parágrafo Primeiro – O FUNDO é regido por este Regulamento, pelo Formulário de Informações Complementares e pelas disposições legais e regulamentares que lhe forem aplicáveis.

Parágrafo Segundo – Para permitir uma total compreensão das características, objetivos e riscos relacionados ao FUNDO, é recomendada a leitura deste Regulamento em conjunto com o Formulário de Informações Complementares e os demais materiais do FUNDO.

Parágrafo Terceiro – Este Regulamento, o Formulário de Informações Complementares e os demais materiais relacionados ao FUNDO estão disponíveis nos *websites* do ADMINISTRADOR (www.bnymellon.com.br), do distribuidor e no *website* da Comissão de Valores Mobiliários - CVM (www.cvm.gov.br).

Capítulo II. Do Público Alvo

Artigo 2º. O FUNDO tem como público alvo os investidores em geral que buscam retornos reais positivos no longo prazo dispostos a assumir riscos inerentes a política de investimentos em renda variável.

Parágrafo Único – Antes de tomar decisão de investimento no FUNDO, os investidores devem: (i) conhecer, aceitar e assumir os riscos aos quais o FUNDO está sujeito; (ii) verificar a adequação deste FUNDO aos seus objetivos de investimento; e (iii) analisar todas as informações disponíveis neste Regulamento, no Formulário de Informações Complementares e nos demais materiais do FUNDO.

Capítulo III. Dos Prestadores de Serviços

Artigo 3º. São prestadores de serviços do FUNDO:

I. ADMINISTRADOR: BNY MELLON SERVIÇOS FINANCEIROS DISTRIBUIDORA DE TÍTULOS E VALORES MOBILIÁRIOS S.A., Av. Presidente Wilson, nº 231, 11º andar, Rio de Janeiro/RJ, inscrito no CNPJ nº 02.201.501/0001-61 - Ato Declaratório nº 4.620, de 19/12/1997.

II. GESTORA: GTI ADMINISTRACAO DE RECURSOS LTDA, Rua do Rocio, nº 423 Sala 1611, Vila Olimpia, São Paulo/SP, BRASIL, CNPJ nº 09.060.383/0001-68, Ato Declaratório nº 9589, de 22/11/2007.

III. CUSTODIANTE (custódia e tesouraria): BNY MELLON BANCO SA, com sede na Cidade e Estado do Rio de Janeiro, Av. Presidente Wilson, nº 231, 10º andar,, Centro, CNPJ nº 42272526000170, devidamente habilitado perante a CVM para prestação dos serviços de custódia.

Parágrafo Primeiro – Os demais prestadores de serviços do FUNDO encontram-se qualificados no Formulário de Informações Complementares disponível nos *websites* do ADMINISTRADOR, do distribuidor e da CVM.

Parágrafo Segundo – Os serviços de administração e gestão são prestados ao FUNDO em regime de melhores esforços e como obrigação de meio, pelo que o ADMINISTRADOR e a GESTORA não garantem qualquer nível de resultado ou desempenho dos investimentos aos cotistas no FUNDO. Como prestadores de serviços do FUNDO, o ADMINISTRADOR e a GESTORA não são, sob qualquer forma, responsáveis por qualquer erro de julgamento ou por qualquer perda sofrida pelo FUNDO, com exceção das hipóteses de comprovada culpa, dolo ou má-fé da GESTORA ou do ADMINISTRADOR.

Parágrafo Terceiro – O ADMINISTRADOR e cada prestador de serviço contratado respondem perante a CVM, na esfera de suas respectivas competências, por seus próprios atos e omissões contrários à lei, ao Regulamento do FUNDO e às disposições regulamentares aplicáveis.

Capítulo IV. Do Objetivo e da Política de Investimento

Reprodução da primeira página do regulamento do GTI Dimona Brasil FIA atualizado em 27 de maio de 2019.

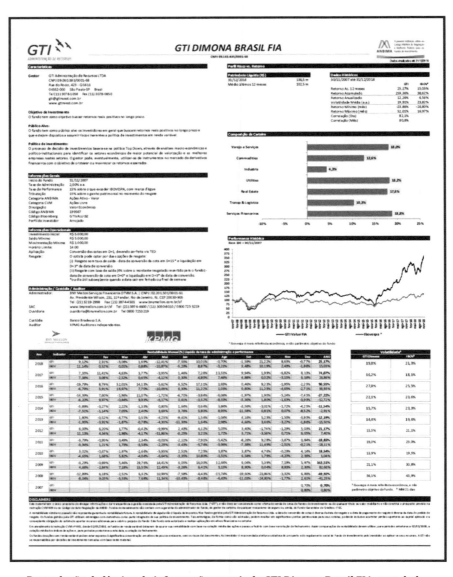

Reprodução de lâmina de informações gerais do GTI Dimona Brasil FIA, com dados atualizados até 31 de dezembro de 2018.

Lâmina de informações essenciais

A lâmina de informações essenciais é um documento que deve trazer as principais informações do fundo de forma simplificada. Normalmente, ela consolida essas informações em apenas uma página, devendo seguir um padrão pré-definido, com atualização mensal. O objetivo desse documento é auxiliar o investidor no seu processo de tomada de decisão. Nela temos:

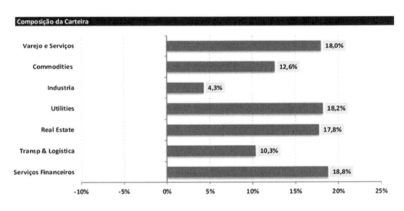

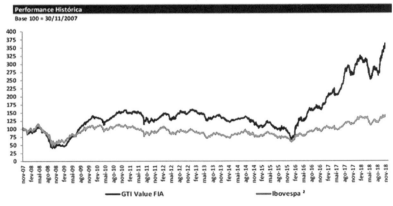

Detalhe da lâmina anterior, destacando a Composição da Carteira do GTI Dimona Brasil FIA, bem como sua Performance Histórica comparada ao desempenho do Ibovespa, entre novembro de 2017 e novembro de 2018.

- Público-alvo e restrição de investimento.

- Descrição da política de investimento.

- Informações sobre investimento mínimo, carência, condições de resgate, taxas.

- Composição da carteira do fundo.

- Classificação de risco que o administrador atribuiu ao fundo.

- Rentabilidade histórica.

- Simulação comparativa e de despesa.

- Política de distribuição do fundo.

- Informações sobre o serviço de atendimento ao cotista.

Formulário de informações complementares

Este documento possui natureza virtual, ou seja, existe no meio digital, sendo disponibilizado no *site* do administrador e também do distribuidor do fundo. As informações contempladas são:

- Local, meio e forma de divulgação das informações.

- Local, meio e forma de solicitação de informações.

- Exposição dos fatores de riscos inerentes à composição da carteira.

- Tributação aplicável.

- Descrição da política de administração de risco.

- Política de distribuição de cotas.

FORMULÁRIO DE INFORMAÇÕES COMPLEMENTARES DO GTI DIMONA BRASIL FUNDO DE INVESTIMENTO EM AÇÕES
CNPJ nº 09.143.435/0001-60
("FUNDO")

ESTE FUNDO PODE TER SUAS COTAS COMERCIALIZADAS POR VÁRIOS DISTRIBUIDORES, O QUE PODE GERAR DIFERENÇAS DE HORÁRIOS E VALORES MÍNIMOS PARA APLICAÇÃO OU RESGATE, E TELEFONES PARA ATENDIMENTO AO CLIENTE.

I – Relação de prestadores de serviços do FUNDO:

São prestadores de serviços do FUNDO:

a) ADMINISTRADOR: BNY Mellon Serviços Financeiros Distribuidora de Títulos e Valores Mobiliários S.A., CNPJ: 02.201.501/0001-61; Ato Declaratório nº 4.620, de 19/12/1997;
b) GESTOR: GTI ADMINISTRACAO DE RECURSOS LTDA,RUA DO ROCIO, 423 SALA 1611, CNPJ:09.060.383/0001-68, Ato Declaratório nº9589, de 22/11/2007
c) CUSTODIANTE (custódia e tesouraria): BNY MELLON BANCO SA, CNPJ:42.272.526/0001-70
d) CONTROLADOR de ativo (controle e processamento dos ativos financeiros integrantes da carteira do FUNDO):O próprio ADMINISTRADOR.
e) CONTROLADOR de passivo (escrituração de cotas): O próprio ADMINISTRADOR.
f) DISTRIBUIDOR: O próprio ADMINISTRADOR e/ou instituições devidamente habilitados para tanto, sendo que a relação com a qualificação completa destes prestadores de serviços encontra-se disponível no website do ADMINISTRADOR.
g) AUDITOR: KPMG AUDITORIA INDEPENDENTES, Cidade e Estado do Rio de Janeiro, na Av. Almirante Barroso, nº 52, 4º andar, CNPJ nº57.755.217/0001-29.

Detalhe de um formulário de informações complementares do GTI Dimona Brasil FIA, com a relação dos prestadores de serviços do fundo, publicado em 11 de dezembro de 2018.

Termo de adesão

Antes de efetivar o investimento em um fundo, o futuro cotista deve assinar o termo de adesão. Esse documento é o atestado da ciência do risco e de conhecimento do regulamento do fundo em questão. O termo de adesão deve conter no máximo cinco mil caracteres, para facilitar a leitura do investidor e apresentar os riscos da carteira.

Aplicação e resgate: prazos de cotização

Ao optar por um fundo de investimentos, o investidor começa

realizando uma aplicação. Futuramente, caso opte por liquidar seu investimento ou parte dele, faz um resgate. A aplicação é o ato de transferir uma determinada quantia financeira (dinheiro) para a gestão do fundo, segundo sua política de investimentos. O resgate é a ação oposta: solicitar uma parcela do patrimônio de volta.

A compreensão de como a aplicação e o resgate funcionam é intuitiva. Entretanto, o que complica o entendimento dos investidores é como as cotas são tratadas em cada um desses momentos. Assim, vamos explicar o processo passo a passo.

Aplicação de recursos por parte do cotista e compra de ativos pelo gestor

Quando um investidor decide aplicar alguma quantia financeira num fundo de investimentos, ele passa a deter cotas desse fundo. Essas cotas serão adquiridas pelo valor do dia em que o investimento foi realizado (caso em que a cota será do dia D+0) ou do dia útil seguinte ao investimento (cota do dia D+1).

Esse fato se deve ao processo de aquisição de ativos por parte do gestor, o qual ocorre apenas no dia seguinte ao da aplicação financeira. Quando um fundo recebe novos recursos, fazendo o seu patrimônio como um todo crescer, o gestor precisa adquirir novos ativos para compor a carteira de investimentos do fundo. Ao receber essas novas aplicações, o fundo precisa primeiramente ter esse lançamento contabilizado, para então poder aplicar esses valores no mercado financeiro. Esse processo pode demorar um dia. Somente a partir daí o gestor está autorizado a realizar a compra de ativos.

O prazo que o fundo leva para a conversão das aplicações deve estar informado no regulamento, sendo o período de dias úteis indicado após o "D". Por exemplo, cota do dia (D+0) e cota do dia seguinte ao da data de aplicação (D+1).

Resgate de recursos por parte do cotista e venda de ativos pelo gestor

Ao solicitar o resgate dos recursos no fundo, provavelmente o cotista terá de esperar alguns dias até o crédito da quantia na sua conta. Isso ocorre por causa das diferenças de liquidez de cada ativo em que o fundo pode estar investindo. Alguns gestores também optam por prazos mais longos para terem tempo de liquidar as suas posições e não prejudicarem a composição e rentabilidade de suas carteiras.

O valor da cota de resgate será o valor da cota do dia em que estiver definido como sendo o de resgate. Por exemplo, alguns fundos possuem resgate em D+15. Logo, o valor da cota de resgate será aquele em D+15 e não a do dia em que o resgate foi solicitado (D+0).

O pagamento efetivo não necessariamente será no mesmo dia da cotização de resgate, pois podem existir alguns procedimentos que o atrasam. Por exemplo, a B3 solicita dois dias para a liquidação de ativos, então fundos de ações geralmente precisam desse período para fazer o pagamento. A CVM permite que a liquidação financeira (data para o pagamento do resgate) seja processada em até cinco dias úteis a contar do período de cotização.

Prazo de cotização: resumos

Todos os prazos descritos devem estar presentes no regulamento do fundo e na lâmina de informações essenciais. Para facilitar a compreensão de cada uma das datas disponibilizadas no regulamento, segue o resumo de cada uma delas:

- Data do período de resgate: data em que o cotista solicita o resgate.

- Data de pagamento do resgate: data em que os recursos referentes ao resgate são efetivamente disponibilizados ao investidor.

- Data de conversão de cotas (ou período de cotização): data do cálculo do valor da cota para efeito de pagamento do resgate.

Taxa de administração

Essa é uma taxa expressa em valor percentual (%) cobrado sobre o patrimônio do fundo, para cobrir os gastos com a prestação de serviços como administração, gestão e custódia. O percentual é fixado pela própria administradora do fundo, sendo previsto em seu regulamento e cobrado sobre o valor total da aplicação de cada cotista, independentemente do resultado auferido. Logo, quanto mais reduzida for esta taxa, menor será o impacto na rentabilidade.

Pense nela como o preço pago pelo serviço de um profissional responsável por fazer a gestão do seu dinheiro. Este valor percentual é divulgado anualmente, mas é provisionado de forma diária, não impactando drasticamente em determinado momento a rentabilidade. O administrador do fundo pode reduzir a taxa a qualquer momento, porém, para poder aumentá-la, é necessária a aprovação em Assembleia Geral dos Cotistas. Não existem limites mínimos ou máximos para essa taxa, que pode variar muito entre fundos da mesma classe.

Taxa de performance

Essa é uma taxa que nem sempre é cobrada: depende do fundo.

Geralmente, é cobrada por fundos vinculados a um indexador (*benchmark*), ou seja: o fundo busca replicar e ultrapassar a rentabilidade de determinado indicador. Dessa forma, se a rentabilidade em determinado período do fundo bater o indexador, a taxa será cobrada apenas sobre a rentabilidade excedida.

A taxa de performance é uma remuneração baseada em resultado, como um prêmio cobrado pelo administrador pela superação do índice referencial, entregando uma rentabilidade maior do que a previamente acordada.

Nem todos os fundos estão autorizados a cobrar a taxa de performance, como os fundos de renda fixa. A taxa de performance deve atender aos seguintes critérios:

- Vinculação a um índice de referência verificável, originado por fonte independente.
- Vedação da vinculação da taxa de performance a percentuais inferiores a 100% do *benchmark*.
- Cobrança por período semestral, no mínimo.
- Cobrança após a dedução de todas as despesas.

Outras taxas

Os fundos podem ainda cobrar taxa de entrada e saída, embora tal prática não seja comum. Para facilitar a opção do investidor, a CVM disponibiliza no Portal do Investidor (https://www.investidor.gov.br/) uma ferramenta de consulta aos fundos com filtros por taxa de administração, classe e outras opções.

IV
POR QUE INVESTIR?

A diversificação não consiste apenas em ter mais ativos ou produtos diferentes num portfólio, mas em compreender como eles se relacionam e como cada um deles pode minimizar a exposição aos riscos de um mercado, setor ou negócio específico.

Aportar em fundos de investimentos é uma questão que divide opiniões. Enquanto algumas pessoas simplesmente não conhecem os benefícios de investir em fundos, outras criticam essa opção e buscam compor suas carteiras por conta própria.

Compor uma carteira de forma autônoma não é algo ruim, mas não é necessariamente bom. Ao escolher os ativos para investir pessoalmente, é necessário estudo e dedicação. É preciso conhecer o que se escolhe, assim como acompanhar os investimentos.

Existem profissionais que trabalham exclusivamente com isso e, entre os melhores, vários atuam por fundos de investimentos. A questão é se você está disposto a se dedicar aos seus investimentos, abdicando do seu tempo, ou se prefere abrir mão da gestão dos seus ativos e pagar um preço por isso. A decisão é exclusivamente sua.

Muitas pessoas subestimam a gestão competente de profissionais e superestimam as próprias capacidades de decisão.

Imagine que você está fora de forma e quer mudar essa realidade. O básico você sabe: comer melhor e se exercitar mais; assim como sabemos o básico das finanças: economizar dinheiro e alocar em algo rentável.

Então, você decide se matricular numa academia. Pense nela como a possibilidade dos seus investimentos: para você entrar em forma não basta treinar um único grupo muscular; é necessário um equilíbrio, assim como você precisa diversificar a sua carteira. Diante de tantas opções de exercícios e sem bons conhecimentos, pode ser mais difícil escolher o treino mais eficiente.

Ao começar a treinar, você terá algumas escolhas, como a de fazer tudo por conta própria – o que pode ser uma boa opção se você tem conhecimentos no assunto – ou buscar a ajuda de um profissional, como um *personal trainer*. Afinal, são esses profissionais que potencializam seus resultados e sabem como trazer mais resultados de forma objetiva.

Um profissional de investimentos é basicamente isso: uma pessoa altamente capacitada para gerar os resultados que você deseja. Talvez você pense que será mais barato não contratar o *personal trainer* e tentar copiar os seus planos de treino, mas você terá o resultado que busca?

Muitos investidores apenas tentam replicar as carteiras dos fundos de investimentos, mas essa não é a estratégia mais eficiente. Se você quer ter os resultados por si só, estude e se dedique. Profissionais que são especialistas em um assunto não estão lá por acaso, mas por conhecimento dos detalhes que compõem o todo.

Caso ainda não tenha ficado claro o poder que um gestor possui, citemos um exemplo: Peter Lynch, um dos maiores gestores de fundos de investimentos da história, sendo responsável pela gestão do Fidelity Magellan Fund. Quem não gostaria de colocar o seu dinheiro para ser gerido pelo Peter Lynch? Além disso, ele cunhou uma das melhores frases sobre investimentos:

"Invista no que você conhece."

Assim como qualquer tipo de investimento, fundos possuem

seus pontos fortes e fracos. Conhecer os prós e contras, antes de aplicar num produto, é essencial para garantir o seu alinhamento com o investimento, o que viabiliza maiores chances de sucesso a longo prazo, como também facilita suas decisões de curto prazo.

Gestão profissional

Ao investir em um fundo você está alocando seu capital nos ativos que o gestor deste entende serem os mais coerentes, segundo a estratégia estabelecida para o produto.

Por meio da aplicação em um fundo de investimentos, você tem ao seu dispor a gestão de um profissional altamente qualificado. Você atribui a ele a função de escolha dos investimentos, diversificação, além dos momentos de compra e venda. Essa pessoa, em conjunto com uma equipe de profissionais, fica encarregada pela carteira de investimentos do fundo.

Vale lembrar que, quando você investe por conta própria, você é o gestor dos seus investimentos. Investir por meio de um fundo limitará a sua liberdade de escolha, pois você abre mão do controle direto da composição da sua carteira.

Entretanto, a maioria das pessoas não é tão qualificada para fazer esse trabalho quanto imagina. Não por demérito, mas porque os investimentos não estão em seu rol de competências. Um médico, por exemplo, provavelmente terá um resultado melhor se focar na sua especialização e terceirizar a decisão de investimentos para um analista e gestor profissional. Ao passo que, se este médico deixar de clinicar em parte de seu tempo para estudar investimentos, sua renda pode cair sem compensar eventuais ganhos no mercado financeiro.

Melhor utilização do seu tempo

Estudar sobre investimentos requer tempo e dedicação. Então, a escolha de um fundo é muito mais simples do que se você for escolher ativo por ativo para compor a sua carteira.

Talvez a última coisa que você queira fazer com seu tempo livre seja pesquisar onde investir suas economias. Se você é dedicado a um ofício, provavelmente mantém seu dinheiro num banco para evitar as dificuldades. Ou talvez tenha transferido seu dinheiro para algum corretor que lhe vendeu um investimento de alta comissão, que você ainda não entende, mas está convencido de que o enriquecerá.

A verdade é que o nosso tempo é limitado. Estudar sobre finanças é fundamental, mas nem todos querem despender o esforço necessário para aprenderem sozinhos. Por isso, muitos indivíduos buscam o auxílio de casas independentes, como a Suno Research, ou mesmo optam por investir por meio de fundos de investimentos.

A diversificação minimiza o risco

O quesito da diversificação é um grande atrativo para muitas pessoas que escolhem fundos de investimentos. Muitos investidores, principalmente os iniciantes, tendem a ignorar o poder da diversificação, concentrando seus investimentos em poucos ativos.

A diversificação não consiste apenas em ter mais ativos ou produtos diferentes num portfólio, mas em compreender como eles se relacionam e como cada um deles pode minimizar a exposição aos riscos de um mercado, setor ou negócio específico.

Compreender as relações entre investimentos é a chave para a otimização da sua carteira, principalmente quando estamos falando em ações.

Os fundos de ações normalmente investem em, no mínimo, 15 a 25 ativos. A diversificação adequada aumenta a probabilidade de o fundo receber o maior retorno possível com o menor risco possível, conforme seus objetivos.

Vale lembrar que a diversificação não é uma completa blindagem ao risco, mas uma diminuição considerável dele. O investidor que possuir uma carteira de ações diversificada ainda estará sujeito às variações de mercado e a possíveis perdas relacionadas às empresas que investem – o mesmo vale para os fundos que possuem essas ações em seus portfólios.

Vantagens tributárias

Quem atua no mercado de capitais brasileiro deve pagar impostos sobre os rendimentos que recebe na maioria dos investimentos. As exceções são poucas, como nos casos de LCIs e LCAs, isentas de impostos até o momento da publicação deste livro. Os fundos de investimentos também obrigam os cotistas a recolher o imposto de renda, porém tais despesas tributárias podem ser adiadas.

Quem realiza operações lucrativas com ações deve pagar 15% de imposto de renda sobre o lucro apurado, se vender mais de R$ 20 mil em um mês. Essa porcentagem será representativa para quem investe com consistência no longo prazo.

Não incentivamos que você venha a operar ativamente, comprando e vendendo com frequência, mas alterações nas suas posições inevitavelmente terão de ser realizadas. Um fundo de ações possui a liberdade de fazer essas movimentações na casa dos milhões de reais, sem precisar pagar impostos: o imposto somente incidirá quando você resgatar o seu investimento.

Esse é um grande motivo pelo qual incentivamos os investidores a permanecerem fiéis às suas escolhas de fundos, não sendo recomendável ficar alternando de fundo em fundo.

Por outro lado, fundos de investimentos em renda fixa possuem um fator negativo nesse quesito: o come-cotas. A tributação de fundos de renda fixa é regressiva, assim como em qualquer investimento de renda fixa. Entretanto, nesses produtos são cobrados 15% de impostos pelos seus rendimentos a cada seis meses (em maio e novembro de cada ano). Por serem investimentos com rentabilidades mais amenas, esse fator do come-cotas não é tão impactante, principalmente se o investimento for de curto ou médio prazo.

Acesso a mais opções de investimentos

Investidores individuais, principalmente os pequenos, possuem opções de investimentos limitadas, pois existem muitos produtos disponíveis somente para investidores qualificados ou institucionais.

Um fundo é caracterizado como um investidor qualificado. Deste modo, ele consegue acesso a um amplo leque de opções, abrindo mais possibilidades para o pequeno investidor.

Voltemos ao exemplo do condomínio. Num prédio, você pode ter acesso mais fácil a piscina, quadra poliesportiva e salão de festas, ambientes que seriam muito caros para comprar ou construir por conta própria, numa residência unifamiliar.

V
OS TIPOS DE FUNDOS DE INVESTIMENTOS

As classificações dão mais detalhes sobre as características principais dos fundos, relativas às estratégias e aos riscos. Elas facilitam a compreensão do investidor individual sobre cada produto, uma vez que ficam expostas nas lâminas dos fundos e em qualquer material divulgado por estes.

Fundos de investimentos possuem diversas classificações, tanto pelas classes de ativos que os compõem majoritariamente, como também pelas estratégias que os gestores aplicam para as carteiras de investimentos.

Embora existam muitas nomenclaturas diferentes, todas são autoexplicativas. Dessa forma, vamos primeiramente discorrer sobre os principais tipos de ativos que podem ser encontrados nos fundos de investimentos.

O que compõe as carteiras dos fundos?

De forma simplificada, as classes de fundos de investimentos são apenas a representação dos ativos com maior composição da carteira de cada fundo. Por exemplo, fundos de ações são assim classificados por precisarem ter, no mínimo, 67% do seu patrimônio em ações.

> Renda fixa: são aqueles ativos que possuem a sua rentabilidade atrelada a algum indicador de amplo conhecimento no mercado, como o CDI, por exemplo. Tais investimentos possuem alta previsibilidade de rendimentos.

Porém, não necessariamente são rentabilidades fixas, o que pode gerar um pouco de confusão devido à nomenclatura. Os exemplos são os títulos de dívida, como os títulos públicos, debêntures e CDBs.

Títulos públicos: são papéis (ativos financeiros) emitidos pelo Tesouro Nacional, ou seja, pelo governo brasileiro. Ao contrário de uma aplicação em CDB, na qual estamos emprestando dinheiro para um banco, esses ativos representam uma forma de financiar a dívida pública do país. Esse empréstimo gera um retorno ao investidor, na forma de juros da dívida. Os títulos públicos podem ser adquiridos via Tesouro Direto.

CDB (Certificado de Depósito Bancário): os bancos, quando querem captar recursos de pessoas, emitem esses títulos. Assim, você se torna credor ao emprestar dinheiro para o banco, recebendo uma taxa de juros sobre o seu investimento. Os prazos e taxas dependerão de cada situação específica.

LCIs (Letras de Crédito Imobiliário): são títulos de renda fixa lastreados por crédito imobiliário. Uma LCI é um ativo emitido por uma instituição financeira (IF), garantido por empréstimos concedidos ao setor imobiliário (como hipotecas).

LCAs (Letras de Crédito do Agronegócio): semelhantes às LCIs em diversos aspectos, porém possuem lastro no setor do agronegócio.

LCs (Letras de Câmbio): são títulos de renda fixa muito semelhantes a um CDB. Porém, ao contrário do CDB, não são emitidas por um banco, mas por financeiras.

Debêntures: são títulos de crédito emitidos por empresas

não financeiras para captar recursos para seus projetos. Esses recursos podem ser utilizados para diversas finalidades. Caracterizam-se como dívidas das empresas e asseguram aos seus detentores o direito de crédito contra as companhias emissoras. Esses ativos possuem diversos riscos, como de crédito e de liquidez, sendo atrelados à companhia emissora do título.

Renda variável: são aqueles investimentos nos quais não é possível definir o quanto seu dinheiro vai render em determinado período. Geralmente, são mais arriscados que investimentos de renda fixa, porém podem proporcionar maiores retornos no longo prazo. O maior exemplo são as ações de empresas.

Ações: são os investimentos mais comuns negociados nos mercados de valores mobiliários. Representam parcelas de propriedade de uma empresa, sendo um título de representação do patrimônio da companhia. Só companhias de capital aberto podem emiti-las.

Investimentos alternativos: existem diversas outras formas de aplicações financeiras utilizadas pelos fundos de investimentos. Derivativos são um exemplo, assim como BDRs (*Brazilian Depositary Receipts*), também citados algumas vezes como Certificados de Depósitos de Valores Mobiliários (CDVM). O BDR é um tipo de ativo representativo que o investidor brasileiro pode adquirir quando interessado em investir em empresas do exterior.

Alguns fundos também operam em mercados diferentes, como o de câmbio, o que permite investir no exterior para neutralizar o risco cambial, quando for o caso. Esse mercado é regulado e fiscalizado pelo Banco Central e compreende as operações de compra e venda de moeda estrangeira e as operações com outro instrumento cambial, realizadas por intermédio das instituições autorizadas a operar no mercado de câmbio.

Classificação dos fundos de investimentos

Devido à grande quantidade de fundos existentes – e também pela contínua criação de novos –, é necessária a categorização desses produtos de investimentos para que os investidores possam ter mais chances de optar por produtos adequados ao perfil de cada um.

A seguir, detalharemos as classificações aplicadas pela CVM e pela ANBIMA. Todos os fundos de investimentos são regulados pela instrução nº 555 da CVM.

Os fundos de investimentos são classificados pela CVM de acordo com a composição de suas carteiras, permitindo melhor identificação de sua política de investimentos e objetivos:

- Fundo de investimentos de renda fixa (FI RF).
- Fundo de investimentos multimercado (FIM).
- Fundo de investimentos em ações (FIA).
- Fundo de investimentos cambiais (FC).

A nomenclatura das classificações é autoexplicativa, podendo haver algumas especificidades adicionais, relativas às estratégias aplicadas pelos gestores. A ANBIMA adiciona mais alguns detalhes às classificações dos fundos, que funcionam como se fossem um segundo nome, indicando alguns critérios de como eles atuam (por exemplo: curto prazo, referenciado, simples, dívida externa, crédito privado e ações – mercado de acesso).

A classificação da ANBIMA adicionou mais dois níveis de classificação aos fundos de investimentos, a primeira das quais é a indicada anteriormente, conforme a CVM. Ela agrupa os fundos com as mesmas características (nível 1), identificando-os de forma adicional pelos seus fatores de risco (nível 2) e pelas suas estratégias (nível 3), conforme mostrado a seguir:

- 1º nível: classe de ativos que mais se adequa àquele investidor.

- 2º nível: tipo de gestão e riscos, ou seja, o risco que o investidor está disposto a correr.

- 3º nível: principais estratégias que se adequam aos objetivos e necessidades daquele investidor.

As classificações dão mais detalhes sobre as características principais dos fundos, relativas às estratégias e aos riscos. Elas facilitam a compreensão do investidor individual sobre cada produto, uma vez que ficam expostas nas lâminas dos fundos e em qualquer material divulgado por estes.

Caso você esteja se questionando onde se enquadram os fundos de investimentos imobiliários (FIIs) ou mesmo os ETFs (*Exchange Traded Funds* ou fundos de índice), também trataremos desses ativos.

Fundos de investimentos de renda fixa

Essa é a classe mais segura de fundos de investimentos, pois devem aplicar pelo menos 80% dos seus recursos em ativos de renda fixa, tais como CDBs, LCs e títulos públicos. Entretanto, podem estar expostos a um certo grau de risco, como os da variação da taxa de juros ou mesmo da inflação.

A carteira desses fundos é formada por ativos de renda fixa prefixados, que definem previamente a taxa de juro de rendimento;

ou pós-fixados, que acompanham a variação de uma taxa de juro ou um índice de inflação.

Outro ponto importante é que os fundos de renda fixa podem investir em crédito privado, via debêntures, por exemplo. Esses investimentos acarretam maior grau de risco de crédito, mas podem proporcionar a elevação da rentabilidade. Entenda que renda fixa não é sinônimo de rentabilidade garantida, pois existem riscos que devem ser considerados.

Nível 2 de classificação

Neste nível os fundos são classificados conforme o tipo de gestão (passiva ou ativa) e como renda fixa simples. Para os fundos de gestão ativa a classificação é desmembrada conforme a sensibilidade à taxa de juros.

Renda fixa simples: um fundo simples é aquele que aplica ao menos 95% do patrimônio em títulos públicos ou papéis de instituições financeiras com risco equivalente. Prevê, no regulamento, que seus documentos serão disponibilizados aos cotistas por meios eletrônicos. Esse tipo de produto possui baixo risco de crédito, mercado e liquidez.

Indexados: fundos que têm como objetivo seguir as variações de indicadores de referência do mercado de renda fixa, por meio de gestão passiva. São os ETFs.

Ativos: são classificados conforme a sensibilidade a alterações na taxa de juros (risco de mercado) medida por meio da duração média ponderada da carteira. Em outras palavras, recebem no seu nome denominações como "Curto Prazo" (CP) ou "Longo Prazo" (LP), as quais identificam os prazos médios de vencimento dos títulos nos quais o fundo investe.

Um fundo definido como curto prazo não é um fundo para você investir com um objetivo de curto prazo. Trata-se de um fundo que possui títulos (tanto públicos como privados) com prazos de vencimentos de curto prazo, geralmente menores do que cinco anos, com baixa volatilidade e baixo risco. Esses fundos terão acrescentados em seus nomes a indicação CP, de curto prazo.

Essa classe aplica em títulos com prazo máximo a decorrer de 375 dias, sendo o prazo médio da carteira inferior a 60 dias. O risco é baixo, mas existe o risco de crédito, de mercado e de liquidez.

Por outro lado, um fundo de longo prazo compromete-se a obter o tratamento fiscal específico. Possui baixo risco de crédito e liquidez, mas alto risco de mercado (taxa de juros).

Nível 3 de classificação

Neste nível, os fundos de renda fixa são classificados conforme a exposição ao risco de crédito. Lembrando que ativos de renda fixa são títulos de dívida, sendo o seu maior fator de risco o de crédito (risco de o emissor não pagar a dívida). Assim, ao optar pela gestão ativa, o investidor tem à disposição os seguintes fundos:

> Soberanos: investem 100% em títulos públicos federais do Brasil.

> Grau de investimento: investem em ativos de renda fixa com alta segurança. Devem aplicar no mínimo 80% da carteira em títulos públicos federais, ativos com baixo risco de crédito do mercado doméstico ou externo, ou ainda sintetizados via derivativos, com registro das câmaras de compensação.

> Crédito livre: são fundos que buscam retornos por meio de investimentos em ativos de renda fixa, tanto públicos como privados. Destacamos que esses produtos podem

manter mais de 20% da sua carteira em títulos de médio e alto risco de crédito do mercado doméstico ou externo.

Crédito privado: investem mais de 50% do patrimônio em ativos de crédito privado. Possuem alto risco de crédito, de mercado e de liquidez.

Investimento no exterior: investem em ativos financeiros no exterior em parcela superior a 40% do patrimônio líquido.

Dívida externa: aplicam ao menos 80% do patrimônio em títulos da dívida externa da União. Apresentam baixo risco de crédito, mas possuem o risco de mercado (câmbio) e liquidez. Podem realizar operações em mercados de derivativos, nacional ou do exterior, para fins de proteção.

Referenciados: atrelados unicamente ao DI, sendo necessário que tenham em seu nome a nomenclatura do índice que utilizam como referência. Um fundo referenciado possui como objetivo acompanhar um indicador pré-determinado, um *benchmark*. Esse indicador pode ser algo bem variado, como um índice de mercado. Porém, o mais comum é o DI. Um fundo DI possui como objetivo acompanhar a variação da taxa DI no mercado interbancário, sendo necessário manter no mínimo 95% de sua carteira em ativos que acompanhem esse indicador e pelo menos 80% do patrimônio em títulos públicos federais ou ativos de renda fixa que possuam baixo risco de crédito. Esses fundos terão no seu nome o indicador ao qual são referenciados. Possuem baixo risco de crédito, de mercado e de liquidez. Diferentemente de outras classes de fundos, os de curto prazo e referenciados apenas podem usar derivativos para se proteger (*hedge*) e não para alavancagem.

Fundos de investimentos multimercados

Esta é a classe mais versátil de fundos de investimentos. Ao contrário das outras classes, não precisam restringir suas carteiras a determinados ativos e mercados específicos, podendo investir livremente em ações, renda fixa, câmbio e derivativos; tanto para proteção da carteira como para alavancagem.

Dependendo do modelo de gestão, podem ser mais arriscados que fundos de ações, por terem maior liberdade na composição de suas carteiras. Também por essa diversidade, não possuem fatores de risco específicos atribuídos à classe. São produtos com políticas de investimento que envolvem vários fatores de risco, sem o compromisso de concentração em nenhum fator especial. O *hedge* cambial da parcela de ativos no exterior é facultativo ao gestor.

Os fundos de investimentos multimercados são excelentes escolhas para quem busca diversificação em apenas um lugar. Não que os outros fundos não sejam diversificados, mas tal diversificação se restringe às classes de ativos específicas.

Vale ressaltar que os riscos desses fundos variam conforme a composição da suas carteiras e os objetivos da gestão. Entretanto, podem ser uma opção interessante para quem está disposto a ter maior exposição ao risco, ao visar melhores retornos.

Uma categoria interessante dos fundos multimercados são os fundos de investimentos em cotas de fundos de investimentos (FIC), conhecidos como fundos de fundos. Como o próprio nome sugere, eles investem quase exclusivamente em outros fundos, sendo necessário manter no mínimo 95% do seu patrimônio em cotas de fundos de investimentos.

Os FICs serão classificados como: produtos de renda fixa, se forem aplicados em cotas de fundos de renda fixa; de ações, se forem aplicados em cotas de fundos de ações; multimercado, se forem aplicados em diferentes mercados, e assim por diante. São opções mais diversificadas, mas possuem uma penalidade pela dupla cobrança de taxas de administração: as taxas dos fundos em que o FIC investe e a taxa do próprio FIC.

Como fundos multimercados não possuem obrigação de concentração de sua carteira em nenhum ativo específico, definindo uma política de investimentos que incorpora diversas classes de ativos e fatores de risco, eles investem em diversos mercados ao mesmo tempo, permitindo uma diversificação das aplicações. Assim, para alavancar suas posições ou proteger suas carteiras, utilizam ativamente instrumentos derivativos.

Nível 2 de classificação

Nesse nível, os fundos são classificados por meio de analogias dos seus tipos de gestão, indexadas ou ativas, segregando os produtos pelo tipo de alocação de ativos e estratégias de investimento.

Alocação: são os que investem em diversas classes de ativos (renda fixa, ações, câmbio e outras), incluindo cotas de fundos de investimentos. Esses produtos definem percentuais de exposição em cada classe de ativo, com as ponderações seguidas pela gestão.

Estratégia: são os que se baseiam nas estratégias definidas pelos seus gestores, não necessariamente seguindo composições pré-definidas de alocações na carteira. O processo de investimento é suportado pela estratégia, como forma de atingir os objetivos e executar a política de investimentos dos fundos. Admitem alavancagem.

Investimento no exterior: investem em ativos financei-

ros no exterior em parcela superior a 40% do patrimônio líquido.

Nível 3 de classificação

No terceiro nível, as classificações ocorrem segundo a liberdade
das carteiras ou necessidade de manter um *benchmark* composto.

- ### Classificação do terceiro nível por alocação

  Balanceados: fundos que seguem uma estratégia pré-defi-
  nida para a aplicação dos seus recursos disponíveis segundo uma variedade de ativos estabelecida, incluindo cotas
  de fundos de investimentos. Devem especificar o *mix* de investimentos, ou seja, as composições para cada ativo, pois
  possuem a estratégia de alocação por cada tipo de ativo
  diferente já pré-determinada em regulamento. Em sua política de investimentos também está inclusa a previsão de
  rebalanceamento da carteira e não é permitida a alavancagem, prática na qual o fundo investe com recursos que não
  possui efetivamente.

  Dinâmicos: os fundos de alocação dinâmica também investem em diversas classes de ativos. Entretanto, esses fundos
  seguem uma estratégia de alocação de ativos (*asset allo-
  cation*) sem estarem comprometidos com um *mix* pré-determinado de ativos. Dessa forma, a sua política de investimentos é flexível e permite mudanças conforme alterações nos mercados e também em relação aos horizontes
  de investimentos. As composições das carteiras podem ser
  revistas e o fundo também aceita alavancagem.

- ### Classificação do terceiro nível por estratégia

  Macro: possuem o cenário macroeconômico como principal referência para a definição da sua estratégia de investi-

mentos. Realizam operações em diversas classes de ativos (renda fixa, renda variável, câmbio e outros), com estratégias de investimento baseadas em cenários e projeções macroeconômicos de médio e longo prazos, combinando ativos de acordo com o que for mais apropriado diante das expectativas para a economia.

Trading: são os que buscam explorar oportunidades de ganhos a partir de movimentos e oscilações de curto prazo nos preços dos ativos.

Long and short – direcional: buscam lucro por meio de arbitragem em operações de ativos e derivativos ligados ao mercado de renda variável, montando posições compradas e vendidas. Operam via pares de ativos, ou seja, enquanto é montada uma posição comprada em algum papel, o gestor inicia uma posição vendida em outra ação que possa ter alguma relação de arbitragem com o ativo comprador. O resultado deverá ser proveniente da diferença entre as posições. Um fundo *long and short* direcional é aquele que não possui limites para as suas exposições, por isso são considerados mais agressivos, podendo maximizar os lucros, mas assumindo maiores riscos para tanto.

Long and short – neutro: operam da mesma forma que os *long and short* direcionais, com a diferença de que mantêm as operações casadas de modo que suas exposições financeiras líquidas estejam limitadas a 5%. Isso significa que o fundo precisa montar uma posição comprada do mesmo tamanho da vendida, deixando sua exposição líquida sempre neutralizada.

Juros e moeda: buscam retornos de longo prazo via investimentos em ativos de renda fixa, implicando estratégias que possuam risco de juros, risco de índice de preço e risco de moeda estrangeira, como o dólar e o euro. Esses produtos não podem operar em renda variável.

Livre: não possuem compromisso com qualquer estratégia específica, tendo liberdade para atuar conforme o gestor acreditar ser mais adequado. Não há limitação para essa categoria.

Capital protegido: buscam retornos em mercados de risco procurando proteger – parcial ou totalmente – o capital principal investido.

Estratégia específica: adotam uma estratégia de investimento que implique riscos específicos, tais como *commodities* e índice futuro.

Fundos de investimentos em ações

Os fundos de ações são aqueles que investem majoritariamente em ações: no mínimo 67% do seu patrimônio nesses ativos ou em ativos semelhantes. Ou seja, ações que sejam admitidas à negociação no mercado à vista da Bolsa de Valores ou em mercado de balcão organizado; cotas de fundos de ações e cotas dos fundos de índice de ações; e *Brazilian Depositary Receipts* (BDRs), classificados como níveis II e III.

Fundos de ações carregam maiores exposições de risco, porém ostentam maiores perspectivas de rentabilidade a longo prazo. Este é um ponto interessante, pois muitos investidores buscam fundos de ações para o curto prazo e acabam não se beneficiando do potencial deles. Afinal, esses fundos possuem as mesmas características das ações: grandes oscilações no curto prazo e uma grande tendência de crescimento no longo prazo.

O principal fator de risco de fundos de ações são as próprias variações de preços dos ativos que compõem o seu portfólio (ações). Vale lembrar que essa classe pode investir cerca de 33% em outros ativos, possibilitando alavancagem ou mesmo proteção. Essas definições ficam a cargo dos objetivos específicos de cada gestão.

Os fundos de ações normalmente têm como objetivo superar o Índice Bovespa (IBOV), sendo o gestor do fundo o principal responsável pelas escolhas de investimentos e rentabilidade da carteira. Este tipo de fundo é considerado como de gestão ativa, pois os gestores buscam constantemente melhorar o desempenho.

Entretanto, esse modelo de gestão gera maiores custos ao investidor, pois exige equipes maiores, assim como custos operacionais mais expressivos. Esses custos se refletem em taxas maiores de administração e performance – em comparação com outras classes de fundos. Vale compreender que altas taxas não são um reflexo de boa ou má gestão, mas apenas um dos critérios que devem ser analisados no contexto.

Os fundos de mercado de acesso são aqueles que aplicam dois terços do patrimônio em ações de companhias listadas em segmento de acesso de Bolsas de Valores. Existe risco de mercado e liquidez.

Já os fundos de BDR-Nível I são aqueles que investem no mínimo 67% do patrimônio nos mesmos ativos que os fundos de ações, incluindo também os BDRs Nível I. O principal risco, neste caso, é o de mercado (acionário). O *hedge* cambial da parcela de ativos no exterior é facultativo ao gestor.

Nível 2 de classificação

Os fundos de ações são classificados no nível 2 da ANBIMA conforme o tipo de gestão (indexada ou ativa), específicos ou investimento no exterior.

Indexados: têm como objetivo replicar as variações de indicadores de referência do mercado de renda variável. São os ETFs.

Ativos: são fundos de gestão ativa com o objetivo de superar um índice de referência ou que não fazem referência a nenhum índice. Suas carteiras de investimento são compostas por meio de um processo de investimentos guiado por uma definição exposta em seu regulamento, visando superar o mercado em termos de retornos de longo prazo.

Específicos: adotam uma estratégia de investimentos ou possuem características específicas (como condomínio fechado), não sendo regulamentados pela instrução nº 555 da CVM. Também são classificados como específicos os fundos que investem apenas em ações de uma empresa ou outras que venham a surgir.

Investimento no exterior: investem em ativos financeiros no exterior em parcela superior a 40% do patrimônio líquido.

Nível 3 de classificação

Os fundos de ações são classificados no nível 3 da ANBIMA conforme o tipo de estratégia aplicada pela sua gestão. Fundos indexados são apenas atrelados aos indicadores de referência. No entanto, os fundos de gestão ativa podem ser divididos conforme as nomenclaturas a seguir.

Valor/crescimento: buscam retorno por meio da seleção de empresas cujo valor das ações negociadas esteja abaixo do "preço justo" estimado (estratégia de valor); ou aquelas com histórico e perspectiva de continuar com forte crescimento de lucros, receitas e fluxos de caixa em relação ao mercado (estratégia de crescimento). O "preço justo" de cada ativo é definido pela equipe de analistas da gestora do fundo.

Setoriais: investem em empresas pertencentes a um mesmo setor ou conjunto de setores. Devem estar explicitados nas políticas de investimentos os critérios utilizados para definição dos setores, subsetores ou segmentos elegíveis para aplicação.

Dividendos: investem em ações de empresas com histórico de bons pagamentos de dividendos. Para a seleção dessas empresas é considerado o *Dividend Yield* consistente ou que, na visão do gestor, apresente boas perspectivas.

Small Caps: possuem carteiras compostas por, no mínimo, 85% de ações de empresas não incluídas entre as 25 maiores participações do IBrX (Índice Brasil), ou seja, ações de empresas com capitalização relativamente baixa de mercado. O percentual remanescente da carteira do fundo pode ser investido em empresas com ações de maior liquidez ou capitalização de mercado, desde que não estejam incluídas entre as dez maiores participações do IBrX.

Sustentabilidade/governança: investem em empresas que apresentam bons níveis de governança corporativa ou que se destacam pela responsabilidade social e sustentabilidade empresarial no longo prazo. Os níveis de governança e sustentabilidade são definidos conforme critérios estabelecidos por entidades amplamente reconhecidas pelo mercado ou supervisionados por um conselho não vinculado à gestão do fundo. Adicionalmente, os fundos devem explicitar em suas políticas de investimento os critérios utilizados para definição das ações elegíveis.

Índice ativo (*indexed enhanced*): visam superar o índice de referência do mercado acionário. Para isso, valem-se de deslocamentos táticos em relação à carteira de referência para atingir esse objetivo.

Livre: não possuem o compromisso de concentração em uma estratégia específica.

Os fundos específicos, conforme a ANBIMA, dividem-se em:

Fundos fechados de ações: são os de condomínios fechados regulamentados pela instrução nº 555 da CVM.

Fundos de ações FMP-FGTS: operam de acordo com a regulamentação vigente para tanto.

Fundos de mono-ação: são os que têm a estratégia de investimento em ações de apenas uma empresa.

Fundos de investimentos cambiais

Este é, provavelmente, o modelo de fundo mais difícil de ser compreendido pelo investidor leigo. Tais fundos são vinculados à variação da moeda estrangeira, devendo possuir pelo menos 80% do patrimônio investido em ativos relacionados, direta ou indiretamente (via derivativos), a essas variações.

Os mais famosos são os fundos cambiais de dólar, que buscam acompanhar as variações da moeda americana. Por serem atrelados às moedas estrangeiras, as variações no câmbio são o maior fator de risco para esses investimentos, sendo opções para quem deseja se proteger dessas oscilações ou tem algum planejamento de viajar ao exterior. Esses fundos possuem alto risco de mercado (câmbio). Os fundos cambiais não possuem classificações em nível 2 e 3, segundo a ANBIMA.

ETFs

Fundos de índices, ou ETFs (*Exchange Traded Funds*), são fundos de investimentos com o único objetivo de acompanhar a rentabilidade de determinado indexador, ou seja, cada ETF reflete a performance de um determinado índice de referência de um setor.

Ao comprar cotas, você adquire uma carteira de ações sem precisar realizar a gestão de cada uma das ações, com a vantagem de participar de diferentes empresas e segmentos. As cotas do ETF representam uma fração do índice de referência do fundo. Dessa forma, você ganha com a diversificação e também com o baixo custo de adquirir uma cesta de ações com uma única ordem de compra.

Os ETFs, por possuírem gestão passiva, acarretam custos reduzidos, pois apenas replicam uma carteira, como a do IBOV, sem precisar de análises complementares e equipe para fazer a gestão do investimento – além de não realizarem giro excessivo das suas carteiras. Os custos menores significam menores taxas de administração e ausência de taxa de performance.

ETFs também operam com valores baixos de cotas, facilitando a entrada do pequeno investidor no mercado de renda variável. A aquisição de um ETF é uma alternativa simples, diversificada, segura e viável; se comparada à montagem de uma carteira de ações própria, principalmente se o investidor não tiver conhecimento prévio sobre o assunto.

Por exemplo, se um investidor iniciante quer compor uma carteira diversificada e que represente o mercado brasileiro, ao invés de comprar as ações que compõem o IBOV separadamente, pode adquirir um ETF como o BOVA11.

Outro benefício dos ETFs é a total transparência da carteira. Muitos fundos de investimentos de outros tipos não disponibilizam de forma fácil (e constante) a composição das suas carteiras – então, quando você se torna um cotista de um fundo assim, você compra uma incógnita.

Vale lembrar a existência da relação entre risco e retorno. ETFs são opções mais seguras, mas com rentabilidades mais restritas.

Gestão ativa *versus* passiva

A gestão ativa de um fundo de investimentos faz referência à compra e venda de ativos com o intuito de obter retorno acima de um índice fixado como referência para a gestão da carteira – um *benchmark* definido para aquele produto de investimento.

O objetivo do fundo com gestão ativa é que seu desempenho supere um *benchmark*, oferecendo maiores rentabilidades aos seus investidores. Esse modelo implica custos maiores, pois envolve maiores equipes para a análise e gestão de investimentos. Deste modo, tais fundos possuem maiores taxas de administração e em alguns casos aplicam, ainda, a taxa de performance.

Por outro lado, a gestão passiva é uma estratégia de investimento em que o gestor do fundo investe em ativos visando reproduzir a carteira do índice previamente definido. O retorno, nessa estratégia, deverá aproximar-se desse *benchmark*. A gestão passiva é caracterizada pelos ETFs, os quais replicam um indicador, como o BOVA11, que busca replicar o índice Bovespa.

Fundos de Investimentos Imobiliários (FIIs)

A ideia é semelhante à de fundos de investimentos em ativos financeiros. Porém, ao invés de um grupo de investidores adquirirem ações ou títulos públicos, eles investem em ativos do setor imobiliário.

FIIs são indicados para quem deseja obter renda com imóveis sem a necessidade de capital inicial intensivo, ou alocação de capital em ativos concentrados.

Um FII reunirá diversos investidores (cotistas) e utilizará seus recursos para adquirir diferentes ativos do setor imobiliário, compondo uma carteira de investimentos desse segmento. Essa carteira de investimentos vai depender de fundo para fundo: alguns investem em agências bancárias, outros em galpões de logística, *shoppings* e até mesmo em hospitais.

Os FIIs podem investir em imóveis físicos ou em papéis do setor (como LCIs e CRIs). A rentabilidade do fundo dependerá disso. Ao investir em imóveis, o fundo obterá renda com aluguéis, vendas ou arrendamentos de bens. Ao aplicar em títulos e valores mobiliários, a renda virá dos rendimentos distribuídos por esses ativos ou ainda pela diferença entre o seu preço de compra e de venda. Logicamente, é possível fazer uma mescla desses segmentos ou ainda investir em outros FIIs, como fazem os fundos de fundos (FOFs).

Sobre os FIIs, a Suno Research publicou o ótimo *Guia Suno Fundos Imobiliários*, de Marcos Baroni e Danilo Bastos, disponível em versões impressa e *ebook*.

VI
FATORES DE RISCO

O risco de mercado está relacionado à possibilidade de desvalorização ou valorização de um ativo, em função de instabilidades políticas e econômicas ou da situação individual da empresa que emite o ativo.

Todos os ativos financeiros envolvem riscos. O risco é a probabilidade de ocorrer um evento negativo atrelado às chances reais de o pior cenário se materializar. Em outras palavras, no mundo dos investimentos o risco significa o potencial de perder dinheiro.

Existem diferentes tipos de risco atrelados aos mais diversos modelos de investimentos. Um fundo de investimentos está sujeito aos fatores de risco dos ativos nos quais investe, que podem ser os mais variáveis, mas sempre descritos no regulamento dos respectivos fundos.

Vale ressaltar que são os cotistas que respondem por eventual patrimônio líquido negativo do fundo no qual investem, com a consequente obrigação, caso necessário, de aportes adicionais de recursos.

As aplicações realizadas em qualquer fundo de investimentos não contam com garantia do administrador, da gestora, de qualquer mecanismo de seguro ou do Fundo Garantidor de Créditos (FGC).

Dessa forma, os investidores que desejam aplicar num fundo de investimentos devem considerar cuidadosamente os riscos que estão dispostos correr. O futuro cotista deve considerar os seus objetivos e atual situação financeira, além de avaliar cuidadosamente os fatores de risco a seguir.

Riscos gerais

O fundo está sujeito às variações e condições dos mercados em que investe, direta ou indiretamente, em especial dos mercados de câmbio, juros, Bolsa e derivativos, que são afetados principalmente pelas condições políticas e econômicas nacionais e internacionais. Considerando que se trata de um investimento de médio e longo prazo, pode haver alguma oscilação do valor da cota no curto prazo, inclusive com possíveis perdas superiores ao capital aplicado e a consequente obrigação do cotista de aportar recursos adicionais para cobrir o prejuízo ocorrido no fundo.

Risco de mercado

Consiste na possibilidade de variação no valor dos ativos financeiros da carteira do fundo ou dos fundos investidos (no caso de um fundo de fundos). O valor desses ativos financeiros pode aumentar ou diminuir de acordo com as flutuações de preços e cotações de mercado, das taxas de juros e dos resultados das empresas emissoras.

Em caso de queda de valor dos ativos financeiros que compõem a carteira do fundo, o seu patrimônio líquido pode ser afetado negativamente. A queda dos preços dos ativos financeiros integrantes da carteira pode ser temporária, não existindo, porém, garantia de que não se estendam por períodos longos. Em determinados momentos do mercado, a volatilidade dos preços dos ativos financeiros e dos derivativos pode ser elevada, o que gera possibilidades de oscilações bruscas no resultado do fundo.

O risco de mercado está relacionado à possibilidade de desvalorização ou valorização de um ativo, em função de instabilidades políticas e econômicas ou da situação individual da empresa que emite o ativo.

Risco de crédito

Relaciona-se com a possibilidade de que a contraparte não assuma suas obrigações, parcial ou integralmente, na data combinada. Desse modo, o risco consiste não somente no inadimplemento completo das obrigações da contraparte, como também do pagamento de apenas uma parte do compromisso ou, ainda, do pagamento após a data acordada.

Risco de liquidez

Caracteriza-se pela baixa ou mesmo falta de demanda pelos ativos financeiros integrantes da carteira do fundo. Neste caso, o fundo pode não estar apto a efetuar, dentro do prazo máximo estabelecido no seu regulamento e na regulamentação em vigor, os pagamentos relativos a resgates de cotas, quando solicitados pelos cotistas.

Esse cenário pode ocorrer em função da falta de liquidez dos mercados nos quais os valores mobiliários integrantes da carteira dos fundos investidos são negociados ou de outras condições atípicas do mercado.

Risco de concentração de ativos financeiros de um mesmo emissor

Refere-se à possibilidade de concentração da carteira em ativos financeiros de um mesmo emissor, refletindo-se em risco de liquidez dos referidos ativos financeiros. Alterações da condição financeira de um emissor, alterações na expectativa do seu desempenho e da capacidade competitiva do setor investido podem, isolada ou cumulativamente, afetar adversamente o preço ou o rendimento dos ativos financeiros da carteira dos fundos.

Nesses casos, o gestor do fundo pode ser obrigado a liquidar os ativos financeiros da carteira a preços depreciados, influenciando negativamente o valor da cota do fundo.

Risco pela utilização de derivativos

Os fundos podem realizar operações nos mercados de derivativos como parte da sua estratégia de investimento. Estas operações podem não produzir os efeitos pretendidos, provocando oscilações bruscas e significativas no resultado e, consequentemente, ocasionando perdas patrimoniais para os cotistas.

Isso pode ocorrer porque o preço dos derivativos depende – além do preço do ativo financeiro objeto do mercado à vista – de outros parâmetros de precificação baseados em expectativas futuras. Mesmo que o preço do ativo financeiro permaneça inalterado, podem ocorrer variações nos preços dos derivativos, tendo como consequência o aumento de volatilidade da carteira dos fundos. Os preços dos ativos financeiros e dos derivativos podem sofrer alterações substanciais que resultem em perdas ou ganhos significativos.

VII
COMO ANALISAR E ESCOLHER UM FUNDO

Não tenha medo de fazer perguntas e de buscar mais informações, ou mesmo de entrar em contato com a gestora: todas elas possuem áreas de relações com investidores. Ao confiar seu dinheiro a terceiros, saiba para onde ele está indo, quem está administrando, como está sendo investido e como recuperá-lo. Além do mais, procure saber quais proteções são colocadas em seu investimento e quais são seus direitos como investidor.

Quando você vai acampar, pode tomar uma série de medidas para maximizar suas chances de sucesso: levar mapas ou um aparelho de GPS, boa comida, roupas adequadas para ficar seco e quente, além de itens de primeiros socorros para o caso de algo desagradável acontecer, como uma infestação de mosquitos. Porém, não importa quanta preparação você faça, ainda poderá ter dissabores. Você pode ficar doente, tropeçar em uma pedra e torcer o pé ou enfrentar um temporal, por exemplo.

Com fundos de investimentos ocorre algo semelhante. Embora os fundos possam ajudá-lo a atingir suas metas financeiras, eles não são a garantia disso. Você pode, no entanto, usar vários critérios simples e de senso comum para aumentar consideravelmente as chances de sucesso em seus investimentos.

Existem diversos critérios para a seleção de um fundo de investimentos. Dentre eles, nem sempre é bom julgar um fundo pelo seu desempenho nos últimos 12 meses. O desempenho de um fundo é uma variável importante na análise do produto, mas não da forma como é utilizada por muitos.

Histórico de desempenho

Sabemos que retornos passados não são garantias de retornos futuros. Mas constatar que o gestor está entregando o que prometeu é um ótimo indicador da qualidade do fundo. O histórico de desempenho do fundo apresenta a sua trajetória, revelando a capacidade desse produto de entregar resultados.

Porém, analisar um período muito recente, como o de 12 meses, pode não significar muito. Alguns fundos de ações podem ter uma rentabilidade mais baixa quando o mercado está ruim ou num momento em que não há boas oportunidades de investimento.

Para analisarmos o desempenho de um fundo, precisamos observar todo o seu histórico, além de cruzar esses dados com o *benchmark* do fundo e com os outros produtos da mesma classe. Ou seja: verificar como os fundos de ações estão desempenhando em comparação com outros fundos de ações em no mínimo 36 meses.

Analisando pelo exemplo a seguir:

Temos um fundo de ações (Fundo X) com um excelente desempenho, superando muito o seu *benchmark*, que é o Ibovespa, entre 2011 e 2019.

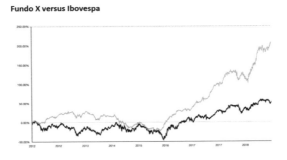

O gráfico mostra o desempenho superior do Fundo X (de ações) em relação ao Ibovespa, entre 2011 e 2019.

Entretanto, se comparado com o CDI nos anos de 2014 a 2017, ele entrega um desempenho pior. A comparação com *benchmarks* diferentes não faz sentido, pois são ativos diferentes.

O mesmo é válido para comparação entre fundos de segmentos distintos: comparar um fundo de ações (X) com um de renda fixa (Y) é como comparar maçãs com laranjas.

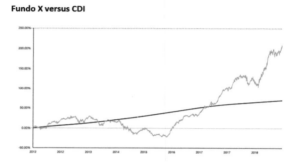

O gráfico mostra o desempenho superior do Fundo X (de ações) em relação ao CDI, entre 2011 e 2019, apesar da variação negativa entre 2014 e 2017.

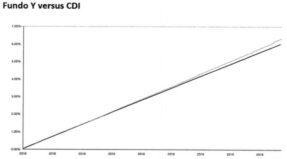

O gráfico mostra o desempenho similar do Fundo Y (de renda fixa) em relação ao CDI, entre o curto prazo de 2018 e 2019.

Riscos

Embora o desempenho de um fundo – ou sua taxa histórica de

retorno – seja certamente um fator importante na escolha de uma aplicação, os investidores tendem a enfatizar demais sua importância. Escolher fundos mediante comparações simplistas de números de desempenho é perigoso.

A análise dos históricos completos dos desempenhos dos fundos prova, em relação aos seus gestores, que algumas das estrelas de ontem podem se transformar nos maltrapilhos de amanhã.

Fundos com retornos relativamente altos podem alcançar seus resultados assumindo riscos maiores. Esses mesmos fundos costumam sofrer a pior queda durante grandes baixas de mercado. Lembre-se de que risco e retorno andam de mãos dadas: você não pode se dar ao luxo de olhar para o retorno independentemente do risco correlato. Antes de investir num fundo, verifique se está confortável com o nível de risco que ele está assumindo.

Neste ponto, é importante que você conheça seu próprio perfil de investidor. Você é conservador, moderado ou agressivo? Bancos e corretoras oferecem questionários para auxiliar seus clientes investidores na identificação de perfil e, a título de exemplo, ao final deste livro há um breve teste sobre o tema.

Taxas

As taxas cobradas pelos fundos de investimentos são os preços pelos serviços prestados aos cotistas. Dentro desses valores, estão os custos de gestão, administração, custódia e auditoria, entre outros. São vários serviços necessários para o bom funcionamento do fundo, porém, ainda que essas taxas sejam inevitáveis, o investidor não deve ignorá-las.

Existem taxas abusivas cobradas por diversos fundos apenas medianos. Além do mais, as taxas justas dependem do próprio produto em si, da classe em que estão e da gestão.

Fundos de renda fixa, principalmente os atrelados ao DI, são os fundos mais simples, que não precisam de equipes tão amplas para garantir um bom desempenho. Portanto, podem cobrar taxas menores. Por outro lado, fundos de ações precisam de estruturas mais complexas e equipes maiores: isso acarreta custos que envolvem a cobrança de taxas mais altas.

O padrão do mercado é diversificado. No momento da publicação deste livro, o usual era que fundos de renda fixa cobrassem taxas de administração de 0,5% ao ano; enquanto fundos de ações geralmente cobravam 2% ao ano, mais 20% de taxa de performance.

A despeito disso, você precisa identificar a média dos valores praticados no mercado de fundos para poder questionar um fundo que esteja aplicando taxas que sejam muito diferentes em relação aos outros da mesma classificação.

Não ignore a cobrança excessiva de taxas, pois esses valores podem diminuir muito o seu ganho de capital no longo prazo. Custos importam: tenha isso em mente.

Liquidez

A liquidez está relacionada ao prazo no qual seu dinheiro estará disponível para você, assim que solicitar o resgate do fundo, e – por mais contraintuitivo que isso possa ser – não existe resposta certa nesse quesito.

O investidor precisa ter em mente que a liquidez dos fundos deve estar em linha com os objetivos daquele investimento. No caso de um investimento em um fundo DI para a reserva de emergência, o ideal é alta liquidez, como em D+0 ou D+1. Já em caso de investimento de longo prazo, como em um fundo de ações, é possível abrir mão de liquidez para garantir mais possibilidades de retorno.

Existe um *trade-off* (uma troca) entre a liquidez do fundo e sua capacidade de assumir riscos e obter retorno. Fundos com maior alocação em ativos de renda variável precisam caracterizar-se por menor liquidez de resgate para terem mais facilidade na alocação dos seus ativos.

Caso alguns investidores em um fundo de ações solicitem resgate, o gestor precisa sair de algumas posições para liberar os recursos solicitados por esses cotistas. Esses recursos podem estar alocados em diversos ativos e o gestor precisa estrategicamente escolher onde liquidar a posição, de forma a não prejudicar o desempenho da carteira. Isso pode levar alguns dias.

Em função disso, a maioria dos fundos de ações apresenta liquidez menor, para garantir ao gestor a melhor alocação do patrimônio e minimizar a afetação do desempenho do fundo, no caso de altas solicitações de resgate.

Gestão

Conhecer o gestor e entender quais são as suas estratégias é muito importante para gerar confiança e para manter suas posições no longo prazo. O gestor é o responsável pelas decisões de alocação do patrimônio do fundo, escolhendo quando comprar ou vender ativos, e quais ativos negociar pelos valores pretensamente corretos. Quando os cotistas estão em linha com o gestor do fundo e a sua respectiva estratégia, a resiliência com o fundo aumenta.

A verdade é que a experiência da equipe de gestão não é uma garantia de sucesso, mas um forte indicativo. Quem precisa de uma cirurgia, certamente confia mais num cirurgião que tenha realizado a operação com sucesso centenas de vezes, ao invés de um iniciante. O mesmo é válido para todas as áreas. Evite fundos muito novos, principalmente aqueles sem nenhum histórico da gestora.

Fundos de investimentos existem há muitas décadas, no entanto dificilmente passa um mês sem um novo fundo ou uma nova estratégia de alocação de ativos. Muitas dessas ideias podem ser inovações aplicáveis no futuro. Porém, a maioria é "mais do mesmo" ou apenas uma reformulação de um produto que não vingou.

Não tenha medo de fazer perguntas e de buscar mais informações, ou mesmo de entrar em contato com a gestora: todas elas possuem áreas de relações com investidores. Ao confiar seu dinheiro a terceiros, saiba para onde ele está indo, quem está administrando, como está sendo investido e como recuperá-lo. Além do mais, procure saber quais proteções são colocadas em seu investimento e quais são seus direitos como investidor.

Quanto mais você conhece o gestor do fundo e a sua estratégia de investimento, mais chances você terá de se manter com ele no longo prazo. Permanecer no longo prazo é a chave para o sucesso nos investimentos. Então, busque realmente conhecer o gestor.

Documentos

Por fim, leia todos os documentos importantes. Aproveite o tempo para ler o prospecto do fundo, regulamentos e todos os materiais relacionados. Isso revela as taxas, os gestores e a estratégia geral de investimento.

Procure compreender o nível de risco envolvido nas estratégias de investimento do fundo e verificar se este é adequado aos seus objetivos pessoais de investimento, horizontes temporais e tolerância ao risco. Como em qualquer investimento, quanto maior o retorno potencial, maiores os riscos que você deve assumir.

Comprando um fundo na prática

A aquisição de um fundo de investimentos é simples. O aporte num fundo é feito via corretora de valores mobiliários ou um banco convencional. Porém, bancos normalmente oferecem apenas os seus produtos, enquanto as corretoras possuem um leque maior de opções.

Ao escolher por qual corretora investirá seus recursos, você acessa uma seção exclusiva para fundos de investimentos, onde poderá verificar todos os fundos que essa corretora disponibiliza.

Segue um exemplo de acesso pela corretora XP Investimentos. Ao acessar a plataforma, buscamos o *link* de produtos e em seguida a aba sobre fundos de investimentos.

Reprodução de tela da plataforma da XP em outubro de 2019, com acesso destacado para fundos de investimentos.

A seção de fundos disponíveis mostrará as opções listadas pela corretora. Após verificar o conjunto de fundos e fazer as suas análises para determinar a aplicação do capital, clique em "Investir".

Reprodução de tela da plataforma da XP em outubro de 2019, com destaque para o botão de "Investir" em determinado fundo. Trata-se meramente de uma ilustração, sem caráter de recomendação do fundo.

Os fundos convencionais não possuem *tickers* como as ações, mas nomes e sobrenomes, conforme já citamos. Por isso, a sua identificação pode ser um pouco mais complicada, pois algumas plataformas podem optar por deixar as siglas, enquanto outras trazem os nomes por completo. No entanto, cada fundo possui um CNPJ exclusivo.

Todos os fundos de investimentos estão listados no *site* da CVM, onde o investidor pode buscar mais informações sobre cada produto:

http://sistemas.cvm.gov.br/fundos.asp

Após a seleção do fundo do seu interesse, você será encaminhado para uma página onde deverá preencher o valor que deseja aportar, lembrando que todos os fundos possuem um valor mínimo de investimento. Dessa forma, se o investimento mínimo for de R$ 1.000,00, você não poderá aplicar R$ 999,99 ou menos, mas apenas valores acima da aplicação mínima.

Reprodução de tela da plataforma da XP em outubro de 2019, com destaque para o campo de valor ser investido em determinado fundo.

Identificando a aplicação desejada, clique em "CONFIRMAR" e siga as instruções abaixo, na plataforma.

Reprodução de tela da plataforma da XP em outubro de 2019, com destaque para o botão de confirmação de investimento em determinado fundo.

Já os ETFs e fundos imobiliários funcionam de modo diferente. Esses ativos possuem *tickers*, uma sigla específica que o investidor utiliza para comprá-los e vendê-los. Ambos são negociados nos moldes das ações, via *Home Broker*.

O *Home Broker* é disponibilizado de forma direta e simples nas plataformas das corretoras. Segue o nosso exemplo com a XP.

Reprodução de tela da plataforma da XP em outubro de 2019, com destaque para o acesso ao *Home Broker* da corretora.

Após selecionar a opção *Home Broker* no menu inicial, abre-se uma tela na qual se pode clicar em "VENDER/COMPRAR" para efetuar as respectivas operações.

Reprodução de tela do *Home Broker* da XP em outubro de 2019, com destaque para os botões de venda ou compra de ativos.

Na aba que abrir, você deve inserir qual o *ticker* do ativo que deseja negociar, a quantidade de cotas deste ativo e o respectivo valor por cota.

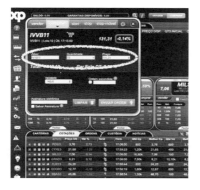

Reprodução de tela do *Home Broker* da XP em outubro de 2019, com destaque para os campos de identificação do ativo, quantidade e preço da operação desejada. Trata-se meramente de uma ilustração, sem caráter de recomendação do fundo.

Em seguida, você apenas precisa selecionar "ENVIAR ORDEM" e aguardar que a sua solicitação seja aprovada.

Reprodução de tela do *Home Broker* da XP em outubro de 2019, com destaque para o botão de envio da ordem configurada.

89

VIII
COMPONDO A SUA CARTEIRA DE INVESTIMENTOS

Não existe uma fórmula fechada e muito menos um plano definitivo que funcione para todos. A composição do seu portfólio depende da sua capacidade e disposição para assumir riscos.

Como encaixar fundos de investimentos no planejamento financeiro? Esta é uma dúvida constante. Entender como seus investimentos e decisões financeiras podem te auxiliar a conquistar a suas metas é necessário para manter a sua constância e o seu propósito de longo prazo, para realizar efetivamente os seus objetivos.

Fundos de investimentos, por definição, são carteiras de investimentos fechadas. Ao optar por um, você atribui ao gestor do fundo a responsabilidade pela composição de uma carteira de investimentos que esteja em linha com os objetivos do fundo em questão, os quais devem estar descritos na política de investimentos dele.

Essa carteira pode ter diversos ativos diferentes entre classes distintas. Um fundo de ações, por exemplo, pode ter uma quantidade significativa de ações dos mais diferentes setores, como também pode investir em títulos públicos, debêntures, entre outros.

O que diferencia um fundo de ações de um fundo de renda fixa são os percentuais dos principais ativos que os compõem. Um fundo de ações precisa ter no mínimo 67% do seu patrimônio em ações, já um de renda fixa deve ter no mínimo 80% em ativos de renda fixa.

Todas as possíveis combinações de ativos distintos fazem com que a grande maioria dos fundos sejam produtos bem completos em termos de diversificação, tornando sem sentido a combinação de muitos fundos no portfólio de um investidor.

Ao investir numa quantidade relevante de fundos, a diversificação por estratégias e portfólios fica ampla, deixando a carteira de investimentos muito próxima da composição do mercado, o que pode ser replicado com apenas um ETF.

O investimento em um número muito alto de fundos não é uma boa decisão, sendo melhor, neste caso, investir diretamente em um ETF, que traz consigo custos menores e a garantia de retornos semelhantes aos do indicador que ele replica.

ETFs são excelentes opções para a simplificação dos seus investimentos. Por outro lado, por meio da escolha certa de fundos de investimentos, o investidor pode maximizar as suas chances de retornos no médio e no longo prazo, se investir de forma condizente com seus objetivos.

Existem inúmeras estratégias aplicadas por diferentes gestores, como também produtos com focos diferentes, tanto para renda fixa como para renda variável.

A melhor forma de investir em fundos é definir primeiramente o que se busca com aquele investimento, conhecendo o próprio perfil de risco. Com essas informações, você pode optar por escolher um fundo específico para o seu objetivo, que vai integrar a sua carteira de investimentos como um todo, ou pode optar por uma carteira de investimentos focada em fundos, com escolhas específicas para cada uma das classes de ativos.

Muitos fundos possuem estratégias e carteiras semelhantes, apenas divergindo no que se refere aos aportes mínimos. Fundos considerados bons podem solicitar investimentos iniciais que não condizem com a realidade de muitos investidores em começo de jornada.

Não existe uma fórmula fechada e muito menos um plano definitivo que funcione para todos. A composição do seu portfólio depende da sua capacidade e disposição para assumir riscos.

Dessa forma, abordaremos as opções para que todos tenham a capacidade de compor a sua carteira de investimentos da melhor forma possível.

Avalie o risco com o qual você se sente confortável

Independente da experiência no mercado financeiro, algo que todos devem conhecer antes da realização de um investimento são os possíveis riscos daquela escolha e seus reflexos na sua carteira como um todo.

Como você lidaria com um investimento que caiu de 10% a 50% num ano? Alguns dos fundos mais agressivos, como de ações, podem cair rapidamente. Se você não consegue aguentar grandes oscilações no mercado financeiro, não concentre seus recursos nesses tipos de ativos.

Alguns investidores lidam melhor com exposição a investimentos mais arriscados, como os de renda variável. Outros preferem limitar suas chances de maiores rentabilidades para garantir maior segurança.

Bons investidores são aqueles que se conhecem e escolhem as melhores opções de investimento segundo as suas características pessoais.

O fato de você ser um investidor mais conservador não quer dizer que nunca poderá investir em ações, por exemplo. Você pode investir em ativos mais arriscados por meio de fundos multimercados, os quais mesclam investimentos dos mais diferentes mercados, ou mesmo compor uma carteira com fundos distintos, tanto de renda fixa como de ações, priorizando os mais seguros.

Diversificar seus investimentos é a melhor forma de minimizar riscos e ainda garantir mais chances de retorno. A diversificação ocorre dentro dos próprios fundos de investimentos e nas carteiras que eles constroem, mas deve ser feita pelo investidor também. Ter fundos diferentes, de gestoras diferentes, é uma forma de se expor a processos distintos de tomada de decisões.

Porém, a diversificação ótima possui um limite. Recomendamos até três fundos de investimento por classe de ativos. Investir em uma quantidade maior que essa faz com que a carteira do investidor possua um custo-benefício menor, sendo mais recomendável o investimento em ETFs.

A seguir, vamos expor os percentuais que consideramos adequados para cada perfil de investidor, segundo o nível de risco tolerado e também os objetivos que ele visa com os seus investimentos.

Para cada uma das composições, indicamos o investimento entre um a três fundos de investimentos ou o investimento direto em um ETF.

Caso você ainda não tenha identificado seu perfil de investidor, após o capítulo final deste livro há um breve teste de tolerância aos riscos, cujas respostas poderão lhe auxiliar nessa importante descoberta.

Vale reforçar: busque sempre fundos de investimentos que estejam de acordo com a sua capacidade financeira, considerando quais são os aportes mínimos solicitados por eles.

Perfis de risco

<u>Perfil conservador</u>

Os investidores conservadores têm pouca tolerância ao risco e preferem ativos com pouquíssimas oscilações, mesmo que isso signifique retornos mais amenos no médio e no longo prazo. Para esse perfil, investimentos em renda fixa são os mais indicados. Os conservadores podem se expor a uma pequena parcela em renda variável, porém apenas com horizontes de longo prazo.

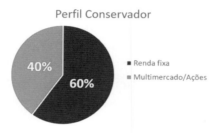

<u>Perfil moderado</u>

Investidores moderados têm uma tolerância mediana ao risco, não se importando tanto com possíveis retornos negativos no curto prazo. São aqueles que gostam de mesclar seus investimentos entre renda fixa e variável. Para quem possui esse perfil, o ideal é compor um portfólio que esteja balanceado entre renda fixa e variável, podendo também optar por alguns fundos multimercados.

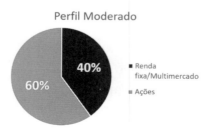

Perfil agressivo

Já os investidores agressivos são aqueles com alta tolerância ao risco. Eles provavelmente já investem no mercado de renda variável, mas podem optar pelo investimento em fundos de ações e fundos multimercados como uma opção de diversificação. Para quem possui tal perfil, o ideal é escolher até três fundos de ações com cujos gestores e estratégias utilizadas se identifique. Porém, se for o seu caso, é aconselhável considerar pelo menos uma parcela em renda fixa como forma de equilibrar o risco total de seus investimentos.

Realizando os seus objetivos

Investir em fundos pode ajudá-lo a alcançar vários dos seus objetivos financeiros. Para cada tipo de objetivo, existem formas diferentes de investir.

Quanto tempo você tem entre agora e o momento em que precisará do dinheiro? Essa resposta determina, em grande parte, que tipo de fundo é apropriado para você.

Se você precisará do dinheiro dentro de dois a três anos, ou menos, um fundo de renda fixa atrelado ao DI pode ser a melhor opção. Se o seu horizonte de resgate aumentar para três a cinco anos, você pode optar por fundos de renda fixa vinculados à inflação, fundos multimercados ou até mesmo alocar uma parcela em fundos de ações. Para metas de longo prazo, a partir de cinco anos, os fundos de ações provavelmente serão as melhores opções.

Quanto maior o seu horizonte de investimento, maior o risco que você pode correr, pois terá mais tempo para aguardar as oscilações do mercado se corrigirem para uma tendência positiva: no longo prazo a renda variável apresenta melhores chances de proporcionar retornos maiores que a renda fixa, embora no curto prazo isto não necessariamente se confirme.

O tempo maior permite ao investidor assumir riscos de modo mais seguro, uma vez que o mercado de renda variável oscila muito no curto prazo, mas tendências de crescimento no longo prazo são perceptíveis.

Portanto, a decisão de investir num fundo de renda fixa ou num fundo de renda variável deve estar completamente em linha com o período em que você deseja utilizar os recursos investidos.

Objetivo de curto prazo

Um objetivo de curto prazo é limitado em um ano. Para essa finalidade, as melhores opções são fundos de investimentos de renda fixa, principalmente aqueles atrelados ao DI. Nessa categoria incluímos fundos com rentabilidade muito próxima ao CDI e com alta liquidez. Esses são os produtos mais seguros e devem sempre ser priorizados para objetivos de curto prazo.

Quando o assunto é investir para usar os recursos em até um ano, devemos agir da mesma forma como ao compor uma reserva de emergência. Por ser um prazo curto, não dispomos de tempo para opções mais arriscadas e que apresentem maiores oscilações – precisamos prezar pela segurança, independente do perfil de risco.

Para um objetivo de curto prazo, escolha um fundo dentro da classificação "liquidez". Esses fundos também são as opções que sugerimos para quem busca constituir a sua reserva de emergência.

Objetivo de médio prazo

Um objetivo de médio prazo envolve de um ano até três a cinco anos. Para essa finalidade, recomendamos investimentos de renda fixa de crédito privado ou atrelados à inflação.

Alguns investidores podem optar ainda por uma combinação com algum fundo multimercado e de ações, aumentando um pouco o risco.

Para um objetivo de médio prazo, escolha entre um e dois fundos de renda fixa, se você for um investidor conservador. Caso seja um investidor moderado ou agressivo, você pode adicionar de um a três fundos de ações ou multimercado.

Objetivo de longo prazo

Já um investimento para um objetivo de longo prazo, superior a cinco anos, comporta a inserção de fundos de renda variável para todos os perfis. Esse segmento deve responder pela maior parte dos investimentos, pois se relaciona com os objetivos de independência financeira e aposentadoria.

O ideal é que, independente do seu perfil financeiro e de risco, os investidores consigam construir uma carteira com parcelas em renda fixa e renda variável. Essa composição garante a diversificação, o que permite maior segurança até para os mais agressivos.

Adicionalmente, indicamos que os investidores, se possível, também aloquem uma parte do seu portfólio de renda variável em fundos que invistam no exterior, ou mesmo em algum ETF que esteja atrelado ao mercado exterior.

Os mercados internacionais de valores mobiliários não se movem em conjunto com o mercado brasileiro. Portanto, adicionar investimentos estrangeiros na carteira oferece uma combinação positiva e mais tranquila no longo prazo.

Quando restringe seus investimentos aos ativos nacionais, você literalmente está perdendo um mundo de oportunidades. A maioria das oportunidades de investimentos está no exterior.

Objetivo	Perfil de risco	Classificação do Fundo	Quantidade de fundos	Alocação
Curto Prazo	Todos	Liquidez	1	100%
Médio prazo	Conservador	Renda fixa	1 a 2	100%
	Moderado	Renda fixa	1 a 2	70%
		Multimercado/Ações	1 a 3	30%
	Agressivo	Renda fixa	1 a 2	50%
		Multimercado/Ações	1 a 3	50%
Longo prazo	Conservador	Renda fixa	1 a 3	60%
		Multimercado/Ações	1 a 3	40%
	Moderado	Renda fixa/Multimercado	1 a 3	40%
		Ações	1 a 3	60%
	Agressivo	Renda fixa/Multimercado	1 a 3	30%
		Ações	1 a 3	70%

Quantos fundos possuir?

Uma dúvida constante: qual é a quantidade ideal de fundos de investimentos para manter em carteira?

A diversificação é algo a ser buscado quando o assunto são investimentos. Porém, é desnecessário ir além de quatro ou cinco fundos de investimentos. Um número muito grande pode facilmente resultar em superdiversificação. O resultado: um portfólio cujo desempenho se assemelha ao de um ETF.

No entanto, devido aos custos mais elevados da carteira de fundos não indexados, bem como à sua diversificação ampliada, o seu retorno no longo prazo será inevitavelmente menor que o do próprio ETF. Além disso, uma carteira superdiversificada pode apresentar muito mais variações de curto prazo, a depender da fase do mercado.

Identifique em quais grandes classes de ativos você deseja investir. São ações? Renda fixa? Investimento no exterior?

A partir delas, reiteramos: limite sua escolha de fundos de investimentos a até três por segmento. Lembrando que um fundo multimercado pode fazer o que um conjunto de um fundo de ações e um de renda fixa realizam, mas por quais deles optar será uma decisão sua.

IX
TRIBUTAÇÕES & DECLARAÇÕES

Excluindo os FIIs e os ETFs, geralmente os fundos de investimentos são tributados na fonte. Então, ao preencher a Declaração Anual de Imposto de Renda, você apenas precisa informar corretamente os valores que constam nos informes de rendimentos.

Conversar sobre o recolhimento de impostos pode não ser interessante, mas é um assunto inevitável. Quem investe via mercado de capitais precisa estar ciente dos parâmetros utilizados para a tributação dos investimentos, em suas diversas modalidades, bem como das linhas gerais que regem as declarações anuais que todos devem prestar à Receita Federal, a partir do momento em que aportam o primeiro real no mercado financeiro, salvo as exceções de praxe.

Para facilitar a compreensão do tema, este capítulo será dividido em duas partes: a primeira tratará da tributação incidente nos diversos tipos de fundos e a segunda será dedicada à necessidade que o investidor tem de informar para a Receita Federal, via Declaração Anual do Imposto de Renda, as suas posições e os resultados relativos aos fundos de investimentos.

PARTE 1: TRIBUTAÇÕES

Existem dois grandes grupos de fundos de investimentos, cujas tributações ocorrem de modo distinto. De um lado, temos os fundos de renda fixa, fundos de ações e fundos multimercados, nos quais o investidor pode aportar mediante intermediação direta de um banco ou corretora. Do outro lado, estão os fundos imobiliários e os ETFs, que, embora possam ser negociados via bancos e corretoras por meio de *Home Broker*, são produtos de renda variável presentes em Bolsa de Valores.

Para o primeiro grupo de fundos de investimentos existe a cobrança de IOF (Imposto sobre Operações Financeiras) – o que não ocorre com os ETFs e fundos imobiliários. De modo semelhante, para o primeiro grupo existe a cobrança regressiva de IR (Imposto de Renda) relacionada ao tempo de permanência do investidor no fundo, o que não ocorre para fundos negociados via *Home Broker*.

Em relação aos eventuais ganhos de capital, os fundos negociados diretamente por corretoras ou bancos recolhem o IR na fonte, ao passo que o IR devido por ganhos de capital de fundos negociados via *Home Broker* devem ser recolhidos pelo próprio investidor, via DARF, após apuração mensal de suas operações de venda.

Fundos negociados diretamente por corretoras ou bancos

Nestes tipos de fundos, a incidência de IR e IOF será sempre sobre o lucro da operação, independentemente da classe de fundos. Por exemplo, se você investiu R$ 100 em um fundo de investimentos e, ao sacar esse valor, possuir R$ 110, os impostos serão calculados apenas sobre esses R$ 10 obtidos de lucro.

Todos os impostos cobrados em fundos de investimentos são retidos na fonte. Assim, não há a necessidade de pagamento de impostos pelos investimentos na Declaração Anual de Imposto de Renda. A responsabilidade pelo recolhimento desses impostos é do administrador do fundo de investimentos.

Cobrança de IOF

Todos os fundos são tributados por IOF da mesma forma. O IOF incide sobre o rendimento dos fundos nos resgates feitos em período inferior a 30 dias. A alíquota varia de 96% a 0%, decrescente conforme o período, estando descrita na tabela a seguir.

Dia	Alíquota	Dia	Alíquota	Dia	Alíquota
1	96%	11	63%	21	30%
2	93%	12	60%	22	27%
3	90%	13	56%	23	23%
4	86%	14	53%	24	20%
5	83%	15	50%	25	16%
6	80%	16	46%	26	13%
7	76%	17	43%	27	10%
8	73%	18	40%	28	6%
9	70%	19	36%	29	3%
10	66%	20	33%	30	0%

Fundos de renda fixa

Todas as aplicações em fundos de renda fixa são tributadas de forma regressiva, ou seja, quanto mais tempo o dinheiro permanecer aplicado, menor será o imposto cobrado. Até o momento da publicação deste livro, a regra geral é:

Prazo da Aplicação	% IR sobre o rendimento
até 180 dias	22,5%
de 181 a 360 dias	20%
de 361 a 720 dias	17,5%
acima de 721 dias	15%

Dentro desse segmento, temos a diferenciação para fundos de curto prazo e fundos de longo prazo.

- Fundos de curto prazo: alíquotas variam de 22,5% (até 180 dias) a 20% (acima de 180 dias), em função do período.

- Fundos de longo prazo: alíquotas variam de 22,5% (até 180 dias) a 15% (acima de 720 dias), em função do período.

Para os fundos de renda fixa, se o investidor tiver prejuízo no montante do resgate, essa perda poderá ser compensada no futuro quando fizer um resgate com lucro. A compensação só será feita em fundos com a mesma classificação tributária.

Come-cotas

Um ponto adicional para investimentos em fundo de renda fixa é a existência do come-cotas, que é a cobrança de IR dos fundos de investimentos, cujos valores são recolhidos no último dia útil dos meses de maio e novembro, mesmo que não haja resgate pelo cotista.

Para tanto, é utilizada a menor alíquota de cada tipo de fundo: 20% para fundos de curto prazo e 15% para os de longo prazo. A cada seis meses é deduzido tal imposto dos cotistas automaticamente, em função do rendimento obtido.

Fundos de ações

Investimentos em fundos de ações contam com alíquota única de IR de 15%, independentemente do prazo da aplicação. O IR é cobrado sobre o rendimento bruto do fundo, quando do resgate da aplicação. Em fundos de ações não há a incidência de come-cotas.

Se no momento do resgate de fundos de ações houver prejuízo, a compensação só poderá ser efetuada com outro fundo de ações. É possível a compensação descontando de um fundo em que o investidor tiver ganhado o valor perdido em outro.

Fundos multimercados

Os fundos multimercados são taxados conforme as regras para fundos de renda fixa (curto prazo e longo prazo), havendo também a incidência de come-cotas. Existe ainda outro tipo de tributação nos fundos multimercados que invistam, no mínimo, 67% em ações. Nesse caso, são tributados como se fossem um fundo de ações, ou seja, na ordem de 15%, independentemente do prazo, sem come-cotas.

Fundos negociados via *Home Broker*

A tributação sobre FIIs e ETFs é muito semelhante ao caso das ações das empresas de capital aberto, pois esses ativos são negociados em Bolsa de Valores. Para tais ativos, o investidor não precisa se preocupar com tributação enquanto não os vender.

Esses ativos não sofrem incidência de IR retido na fonte. Dessa forma, o pagamento do imposto sobre o ganho de capital deve ser calculado pelo investidor e pago por DARF (código 6015 para pessoa física e 3317 para pessoa jurídica). Esse imposto devido é apurado mensalmente e deve ser pago até o último dia útil do mês seguinte.

Os prejuízos nas vendas de cotas podem abater os lucros dos meses seguintes, dentro de cada tipo de ativo.

Na apuração de lucro ou prejuízo com a venda de um determinado FII ou ETF, os custos de corretagem e emolumentos da Bolsa podem ser descontados nos cálculos.

É importante que o investidor de FIIs e ETFs mantenha sempre atualizado o preço médio de aquisição dos ativos presentes em sua carteira. Deste modo, poderá aferir com maior precisão os eventuais lucros ou prejuízos de vendas totais ou parciais de cada ativo, evitando o pagamento excessivo de IR sobre os ganhos de capital.

Fundos imobiliários

FIIs são isentos sobre as suas remunerações (equivalentes aos dividendos das ações) e têm alíquota de 20% sobre o ganho de capital. O ganho de capital ocorre quando o ativo valorizou antes da venda. Ou seja, se você adquiriu uma cota por R$ 10 e a vende por R$ 12, houve R$ 2 de ganho de capital. Logo, o imposto de 20% será sobre esses R$ 2.

Quanto às amortizações, estas devem ser consideradas na composição do saldo financeiro, e não como rendimentos pagos. Uma amortização significa a devolução de capital do fundo para o cotista. Deste modo, a amortização influencia no preço médio pago por cota, o que interfere na apuração de lucros ou prejuízos após as vendas eventuais de cotas.

ETFs

Os ETFs não pagam dividendos, mas estão sujeitos a uma alíquota de 15% sobre o ganho de capital, conforme ocorre com os fundos imobiliários, independentemente do volume mensal da venda.

PARTE 2: DECLARAÇÕES

Para realizar a Declaração Anual de Imposto de Renda corretamente, você precisa inicialmente solicitar os informes de rendimentos aos bancos ou corretoras pelos quais você realiza seus investimentos – há quem concentre tudo numa só instituição, ao passo que outros diluem sua carteira entre entidades intermediadoras distintas.

Os informes de rendimentos também podem ser disponibilizados pelos fundos de investimentos. Além desse tipo de documento, é recomendável que você guarde todas as notas de corretagem das operações de compra e venda de ativos, bem como os extratos mensais dos bancos e das corretoras que eventualmente utilizar nas operações correlatas. Deste modo, a conferência dos dados tende a ser mais efetiva.

Como em qualquer ativo financeiro, há duas frentes que precisam ser consideradas pelos investidores ao preencher a Declaração Anual: os fundos de investimentos vigentes na carteira, ou zerados no ano-calendário, devem constar na aba **"Bens e Direitos"** do programa da Receita Federal. Por sua vez, os rendimentos das aplicações vigentes ou realizadas devem ser registrados na aba **"Rendimentos de Aplicações Sujeitas à Tributação Exclusiva/Definitiva"**.

Com relação aos códigos adotados na aba "Bens e Direitos", cada tipo de fundo de investimentos tem o seu:

- Código 71: Fundos de curto prazo.

- Código 72: Fundos de longo prazo.

- Código 73: Fundos imobiliários.

- Código 74: Fundos de ações e ETFs.

Fundos negociados diretamente por corretoras ou bancos

Excluindo os FIIs e os ETFs, geralmente os fundos de investimentos são tributados na fonte. Então, ao preencher a Declaração Anual de Imposto de Renda, você apenas precisa informar corretamente os valores que constam nos informes de rendimentos.

No programa de Declaração do Imposto de Renda, escolha a

opção "**Rendimentos Sujeitos à Tributação Exclusiva/Definitiva**" e selecione o código "**06 – Rendimentos de aplicações financeiras**". Entre com o nome da fonte pagadora e o CNPJ conforme consta no informe de rendimentos (geralmente é o CNPJ da corretora). No campo "**Valor**", digite o valor total dos rendimentos no fundo, exatamente como consta no informe de rendimentos.

Importante: aqui você declara os rendimentos e não o saldo do fundo.

Reprodução de tela do programa da Receita Federal de ano anterior para a Declaração de Imposto de Renda de Pessoa Física, referente aos Rendimentos Sujeitos à Tributação Exclusiva/Definitiva.

Já o saldo total deve ser declarado na aba "**Bens e Direitos**". O saldo refere-se ao total dos valores investidos nos fundos de investimento, somado aos rendimentos obtidos. No caso de fundos de curto e longo prazo, o valor do saldo apresentado no informe de rendimentos é atualizado quando existe cobrança de come-cotas.

Para fundos de ações e multimercado, o valor não muda com o tempo, exceto pelos valores de novas aplicações ou resgates. Assim como os rendimentos, o saldo deve estar discriminado no informe de rendimentos.

Em "Bens e Direitos" deve-se clicar no botão "Novo", caso você precise inserir um novo fundo ou em "Editar" para atualizar o saldo de um fundo que já consta de suas declarações anteriores.

No campo "Situação em 31/12/20__", digite o montante aplicado no fundo naquela data, seguindo o valor indicado no informe de rendimentos recebido da instituição financeira. No campo "Discriminação", inclua uma descrição com nome do administrador do fundo. No campo "CNPJ", especifique de acordo com o informe de rendimentos (geralmente é o CNPJ do fundo).

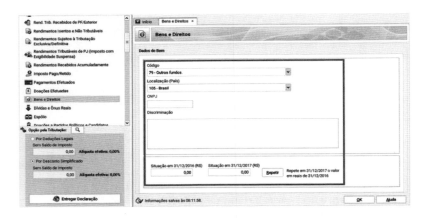

Reprodução de tela do programa da Receita Federal de ano anterior para a Declaração de Imposto de Renda de Pessoa Física, referente aos Bens e Direitos.

No campo relativo ao código, você deve selecionar a classe de fundo que deseja informar. Os códigos, assim como algumas regras, podem variar de ano para ano.

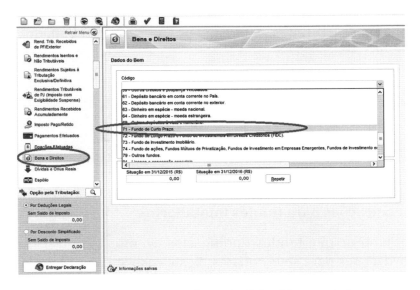

Reprodução de tela do programa da Receita Federal de ano anterior para a Declaração de Imposto de Renda de Pessoa Física, referente aos Bens e Direitos, na qual o código para Fundo de Curto Prazo é o número 71.

Fundos negociados via *Home Broker*

Para Declaração Anual de Imposto de Renda sobre fundos imobiliários e ETFs, o *modus operandi* é semelhante ao dos fundos de investimentos apresentado anteriormente. A diferença é que os ETFs e FIIs, assim como os fundos de ações e multimercado, informam apenas o preço médio de aquisição dos ativos, sem relacionar o valor atualizado das cotações.

Na discriminação para a aba "Bens e Direitos", é importante informar a denominação do ativo, a quantidade de cotas e o maior número de dados possíveis, como a administradora do fundo e seu CNPJ.

109

Segue uma sugestão de redação para relacionar os FIIs e os ETFs na aba "Bens e Direitos". Substitua os dados fictícios grifados pelos dados reais:

> FUNDO FII (OU ETF) TICK11 // 999 UNIDADES (OU COTAS) // CUSTO MÉDIO R$ 100,00 // NOME COMPLETO DO FUNDO CNPJ: 01.234.567/0001-23 // NOME DA ADMINISTRADORA DO FUNDO CNPJ: 01.234.567/0001-23 // CUSTÓDIA NA CORRETORA (OU BANCO) A DENOMINAR CNPJ: 01.234.567/0001-23.

Especificações para fundos imobiliários

Vale lembrar que fundos imobiliários eventualmente realizam amortizações para seus cotistas. Neste caso, na aba "Rendimentos Sujeitos à Tributação Exclusiva/Definitiva" o investidor deve informar o valor líquido das amortizações recebidas via código 06, conforme dados do informe de rendimentos da instituição, incluindo o CNPJ e nome da fonte pagadora.

Como os fundos imobiliários distribuem rendimentos isentos, semelhantes aos dividendos pagos por ações de empresas de capital aberto, cabe ao investidor preencher também a aba **"Rendimentos Isentos e Não Tributáveis"** do programa da Receita Federal, utilizando o código 26.

Na descrição desses rendimentos de FIIs, o contribuinte deve mencionar o valor total recebido, o nome e CNPJ da fonte pagadora, de acordo com o informe de rendimentos.

Considerações finais

Preencher a Declaração Anual de Imposto de Renda não é uma atividade intelectualmente difícil, mas é trabalhosa, em função da atenção que se deve dar aos detalhes. Aproveite essa atividade obrigatória para fazer uma revisão anual dos ativos presentes em sua carteira de investimentos.

- Os ativos continuam em linha com os seus objetivos?
- Eles estão com seus fundamentos preservados?
- Renderam acima do esperado, para que você considere a realização dos lucros e migração dos recursos para ativos mais descontados?

Estas são algumas perguntas que você pode fazer ao preparar a sua Declaração Anual, revendo cada um dos fundos de investimentos presentes em sua carteira.

Não é objetivo deste livro esgotar o assunto das tributações e declarações de imposto de renda referentes aos fundos de investimentos, mas balizar as suas linhas mestras para o investidor. Para aqueles que desejam se aprofundar no tema, recomendamos a leitura de **"101 Perguntas e Respostas Sobre Tributação em Renda Variável"** de Alice Porto, a Contadora da Bolsa, disponível na Amazon: https://amzn.to/2ZKa2Ig.

X
CONCLUSÃO

Muitas pessoas optam por fundos de investimentos por não terem tempo para analisar ativos ou não saberem como encontrar as melhores oportunidades. Além disso, elas confiam em profissionais qualificados para acompanhar o mercado. Você pode simplificar tais tarefas ao investir de forma constante em produtos nos quais confie, atribuindo ao tempo a sua maior função: deixar os juros compostos trabalharem para aumentar o seu patrimônio.

As coisas simples da vida podem trazer alegrias, e bons investimentos podem figurar nesta categoria. Investir bem não precisa ser complicado, pois a simplificação pode levar a melhores resultados de investimento. Um portfólio simples pode ser mais eficiente porque você sabe exatamente onde está investindo e por qual razão. Sem dúvida, é mais fácil acompanhar investimentos simples para evitar surpresas desagradáveis.

Ao investir apenas num pequeno grupo de ativos ou fundos de investimentos, você elimina o excesso de complexidade, reduzindo a quantidade de informações com as quais deverá lidar.

Mesmo os investidores mais experientes possuem um limite na quantidade de ativos que acompanham: é difícil processar um grande volume de informações distintas. Além do mais, para investidores que desejam uma diversificação extremamente ampla, buscando muitos ativos, a melhor opção são os próprios ETFs, os quais consolidam carteiras extensas em um único ativo de investimento.

Escrever objetivos nos ajuda a organizar nossas vidas para atingi-los. O mesmo pode ser dito sobre investir: ao escrever por que você fez um investimento, é mais provável que este investimento atenda ao objetivo original.

Identifique a razão pela qual você está fazendo aquele investimento e quais são as suas expectativas em relação a ele para o curto, médio e longo prazo. Assim, se esse investimento não estiver se comportando conforme o esperado, você poderá sair dele. Caso contrário, permaneça.

Por exemplo, ao aplicar em um fundo de ações, você precisa estar consciente de que poderão ocorrer perdas no curto prazo e grandes oscilações no médio prazo, mas que no longo prazo a probabilidade de existir uma tendência de crescimento é maior.

O segredo para o sucesso financeiro é a constância de aportes em longo prazo. Somente com a compreensão da sua carteira e de seus objetivos você conseguirá permanecer com foco para vencer os testes do tempo.

Há uma grande diferença entre monitoramento e obsessão. Você não precisa seguir as mudanças diárias dos preços de seus investimentos. Isso é válido tanto para as cotações das ações como para os valores das cotas dos fundos de investimentos.

A obsessão por acompanhar constantemente os seus investimentos é uma maneira incompleta e muitas vezes enganosa de compreender o retorno deles. No curto prazo, o mercado se comporta de forma aleatória, sem que existam explicações para a maioria das movimentações.

Você deve saber como analisar bons investimentos e se manter fiel a eles. Ao encontrar um fundo com bons fundamentos e que esteja adequado aos seus objetivos e capacidades financeiras, permaneça com ele.

O único momento de deixar de confiar no fundo escolhido é quando ele perder essas características que lhe levaram a optar por aquele investimento.

No entanto, a maioria das pessoas não vê as coisas deste modo, quando o mercado está em baixa. Muitos investidores entram em pânico com a queda do mercado e vendem seus ativos, para comprar novamente no momento em que observarem um novo crescimento. Essa é a fórmula para o fracasso financeiro.

Se você deseja comprar ações e mantê-las por pelo menos cinco anos, um mercado em baixa é excelente para adquirir algumas pechinchas: você pode comprar por si só ou investir mais em um fundo de ações para que um gestor faça isso por você.

Muitas pessoas optam por fundos de investimentos por não terem tempo para analisar ativos ou não saberem como encontrar as melhores oportunidades. Além disso, elas confiam em profissionais qualificados para acompanhar o mercado.

Você pode simplificar tais tarefas ao investir de forma constante em produtos nos quais confie, atribuindo ao tempo a sua maior função: deixar os juros compostos trabalharem para aumentar o seu patrimônio.

Quando você identificar seus objetivos de longo prazo, definir sua tolerância ao risco e selecionar cuidadosamente alguns investimentos que atendam às suas metas, mantenha-se firme. Caso tenha optado por renda variável, aperte o cinto: o mercado será volátil.

A chave para se manter firme é comprar certo. Comprar certo não é escolher fundos que você não entende totalmente; não é optar por investimentos em que todos estão aportando; não é escolher produtos com base no desempenho passado; não é investir porque alguém lhe diz que isso é o que deve ser feito.

Comprar certo é analisar e entender se aquele investimento faz sentido para você e para a sua realidade, conhecendo os detalhes do produto e de quem o administra e gere. Se você escolheu de forma inteligente, uma avaliação de desempenho anual deve ser suficiente.

PERFIL DO INVESTIDOR:
TESTE DE TOLERÂNCIA AO RISCO

Conhecer o próprio perfil, bem como a tolerância aos riscos, é uma condição essencial para cada investidor, antes de elaborar o planejamento financeiro e decidir a adoção de estratégias de investimentos.

Os riscos fazem parte dos investimentos no mercado de capitais e têm como contrapartida as possibilidades de o investidor obter retornos abaixo do esperado, ou mesmo perder todo o capital empregado numa alocação.

Portanto, antes de tomar qualquer decisão de investimento, é preciso estar ciente dos riscos envolvidos e considerar a tolerância a eles.

O teste a seguir ajuda a identificar seu perfil de investidor e seu grau de tolerância a riscos, de forma simples.

Questões

1 – Apenas 60 dias depois de alocar num investimento, seu preço cai 20%. Assumindo que nenhum dos fundamentos do ativo financeiro mudou, o que você faz?

A – Vendo para evitar mais preocupações e tento outra coisa.

B – Não faço nada e espero o investimento voltar ao seu valor original.

C – Compro mais. Era um bom investimento e agora também é um investimento mais barato.

2 – Atente para a pergunta anterior de outro modo: seu investimento caiu 20%, mas faz parte de um portfólio que adota metas de investimento com três horizontes de tempo diferentes. O que você faz se o objetivo for daqui a 5 anos?

A – Vendo.

B – Não faço nada.

C – Compro mais.

3 – O que você faz se o objetivo for daqui a 15 anos?

A – Vendo.

B – Não faço nada.

C – Compro mais.

4 – O que você faz se o objetivo for daqui a 30 anos?

A – Vendo.

B – Não faço nada.

C – Compro mais.

5 – Você tem um investimento para a sua aposentadoria, que subiu 25% em um mês, logo após seu aporte. Mais uma vez, os fundamentos não mudaram. Depois da valorização consolidada, o que você faz?

A – Compro mais, mesmo sabendo que a valorização posterior pode ser menor.

B – Deixo de comprar e mantenho o ativo na carteira.

C – Vendo, se houver outro ativo com bons fundamentos que estiver com o preço mais descontado.

6 – Você está investindo para a sua aposentadoria, prevista para ocorrer em 15 anos. O que prefere fazer?

A – Invisto em fundo de previdência, Tesouro Direto ou CDBs, abrindo mão da possibilidade de grandes ganhos, mas priorizando a segurança do valor investido.

B – Invisto numa mescla de fundo de previdência, fundos de renda fixa e variável, Tesouro Direto e ações, na expectativa de obter um crescimento mais elevado, mas preservando certo grau de proteção.

C – Invisto em fundos diversos e em ações, cujos valores provavelmente flutuarão significativamente durante o ano, mas com potencial de ganhos expressivos em cinco ou dez anos.

7 – Você ganhou um prêmio. Qual deles prefere?

A – R$ 2 mil em dinheiro.

B – 50% de chance de ganhar R$ 5 mil.

C – 20% de chance de ganhar R$ 15 mil.

8 – Uma ótima oportunidade de investimento surgiu. Porém, é preciso emprestar dinheiro para entrar. Você tomaria um empréstimo?

A – Provavelmente não.

B – Talvez.

C – Provavelmente sim.

9 – A empresa em que você trabalha está vendendo ações para seus funcionários. Em três anos, a administração planeja abrir seu capital. Até lá, você não poderá vender suas ações e não receberá dividendos. Mas seu investimento pode multiplicar até

118

dez vezes quando a empresa ingressar na Bolsa. Quanto dinheiro você investiria?

A – *Nenhum.*

B – *Salário de dois meses.*

C – *Quatro meses de salário.*

Respostas

Não existem respostas certas ou erradas para este teste. O que existe são respostas coerentes com o perfil de cada investidor. Verifique qual foi a alternativa que você mais anotou, pois ela estará relacionada com o seu perfil de risco.

A – Conservador

Você é uma pessoa com pouca tolerância ao risco. Sente-se desconfortável com investimentos que não sejam de seu total conhecimento e que saiam do padrão ao qual está acostumado. Prefere o certo ao duvidoso, não gosta de arriscar e prefere ganhos garantidos, mesmo que tragam retornos menores.

Os investimentos mais indicados para você são os de renda fixa, priorizando o Tesouro Direto e CDBs. Outras boas opções são LCIs, LCAs e alguns fundos de investimentos de baixo risco.

B – Moderado

Você é uma pessoa com tolerância mediana aos riscos. Sente-se relativamente confortável com investimentos que não sejam do seu total conhecimento, mas também valoriza os mais convencionais. Gosta de mesclar o líquido e certo com o maior potencial de ganhos atrelados a riscos inerentes.

Os investimentos mais indicados para você são os de renda fixa e variável, encontrando um equilíbrio entre eles. Boas opções são o Tesouro Direto, fundos imobiliários, fundos de investimentos e ETFs.

C – Agressivo

Você é uma pessoa com bastante tolerância aos riscos. Gosta de investimentos desafiadores e que possam proporcionar maior rentabilidade, além de se sentir confortável com as alternativas em aberto e as oscilações do mercado.

Os investimentos mais indicados para você são os de renda variável, priorizando as ações. Porém, também são boas escolhas fundos de investimentos e fundos imobiliários.

Observações

O questionário anterior é meramente um indicativo, cuja eficiência depende de sua sinceridade nas respostas. De pouco adianta querer ostentar um perfil mais arrojado, se você ainda tem pouca vivência com investimentos em renda variável, por exemplo.

Nada impede que você refaça o teste, dentro de alguns meses, após aumentar seu grau de conhecimento sobre o tema.

Ao abrir conta em bancos ou corretoras que oferecem diversos produtos de investimentos, você certamente deverá responder a questionários similares a esse, ou até mais extensos e complexos. Conforme as suas respostas, tais instituições vão abrir ou restringir os acessos aos vários tipos de aplicações.

PALAVRAS DE AGRADECIMENTO

Por Gabriela Mosmann

Finanças são um assunto muito importante na minha vida. Foi o seu estudo que possibilitou a transformação da minha realidade e da minha família, saindo das dificuldades para um estado de tranquilidade, paz e liberdade.

Em todos os anos dedicados ao trabalho nessa área, sempre tive o apoio incondicional da minha família. Meus pais e meu irmão sempre foram os que mais me incentivaram a seguir os meus sonhos, sustentando-me nos momentos de dificuldade e celebrando todas as minhas conquistas. A dedicatória deste livro é apenas uma pequena demonstração de gratidão por todo o amor que recebo deles, todos os dias.

Dedico este livro também a todos os meus amigos. Sou extremamente grata pelas grandes amizades que possuo e sei que somente estou aqui por sempre tê-las ao meu lado. Não citarei nomes por saber que não poderei listar todas as pessoas queridas aqui.

Deixo minhas últimas palavras de gratidão para todo o time da Suno Research. Pessoas incríveis, inspiradoras e que compartilham dos mesmos objetivos e sonhos.

Este livro existe apenas pela energia positiva de todos vocês.

GLOSSÁRIO

Os principais termos e siglas adotados no vocabulário do mercado financeiro no Brasil

Ação ordinária (ON): ação que permite ao acionista participar das assembleias das empresas com capital aberto e votar nos temas propostos.

Ação preferencial (PN): ação sem direito a voto por parte do acionista, que, no entanto, tem a garantia de receber os dividendos estatutários ou outro benefício de acordo com a Lei das S/A ou com o estatuto da companhia.

Análise fundamentalista: forma de investir no mercado de ações que prioriza o retorno de longo prazo, proveniente dos lucros da atividade empresarial.

Análise gráfica: método para analisar o comportamento das ações no mercado tentando antecipar tendências por meio de movimentos identificados em gráficos que expressam a evolução das cotações.

Análise técnica: vide "Análise gráfica".

Ativos: todos os bens pertencentes a uma empresa, incluindo aplicações financeiras, imóveis, máquinas e equipamentos, veículos, participações em outras empresas e reservas de valor.

Balanço patrimonial: documento contábil que aponta tanto os bens como as dívidas de uma empresa, compreendidos como seus ativos e passivos.

BDR: sigla em inglês para *Brazilian Depositary Receipts*. São classes de valores mobiliários negociados no mercado brasileiro com lastros oriundos de ações estrangeiras. Investir em BDRs é uma forma de diversificar investimentos sem abrir contas em corretoras de outros países.

Blue-chips: expressão oriunda dos cassinos, onde as fichas azuis possuem maior valor. Nas Bolsas, equivalem às ações com maior volume de transações.

Bonificação: evento puramente contábil, no qual as empresas distribuem novas ações sem custo para os acionistas, conforme as quantidades de ações que eles já possuem. A cotação é ajustada na proporção inversa.

Capital: recurso financeiro expresso em moeda corrente. Empresas de capital aberto permitem que o público compre ações por meio do mercado de capitais. O capital de giro equivale ao dinheiro que a empresa coloca em movimento.

Circuit Breaker: mecanismo automatizado que interrompe os negócios nas Bolsas de Valores sempre que os índices de referência sobem ou descem abruptamente em níveis elevados (por exemplo, 10%).

Cotação: preço da ação determinado pelas forças do mercado.

Crash: situação de desvalorização geral e acentuada das ações, responsável pela quebra de vários agentes especuladores ou investidores.

Day Trade: operação especulativa de compra e venda de ativo listado na Bolsa, realizada na mesma data.

Debênture: título emitido por empresas para captar recursos no mercado de capitais, com prazos e créditos determinados, sem que seus detentores se configurem como sócios delas.

Desdobramento: vide "Bonificação".

Dívida Bruta/Patrimônio Líquido: indicador fundamentalista que expressa o grau de alavancagem (endividamento) de uma empresa.

Dividendo: parte dos lucros auferidos pelas empresas que será repartida com seus acionistas proporcionalmente à quantidade de ações que possuem.

Dividend Yield: indicador fundamentalista que representa em porcentagem a remuneração da ação dividida pela sua cotação, no prazo de 365 dias anteriores à cotação da ação. Por exemplo: no último ano a empresa distribuiu, entre dividendos e JCP, R$ 0,10 por ação. Se a ação está cotada em R$ 1,00, o *Dividend Yield* equivale a 10%.

DRE: sigla para Demonstração do Resultado do Exercício, documento que informa, em relação a determinado período, se uma companhia obteve lucro ou prejuízo.

EBITDA: sigla em inglês para *Earnings Before Interests, Taxes, Depreciation and Amortizations*, que, na sua tradução literal, significa Lucro Antes dos Juros, Impostos, Depreciação e Amortização. Tal indicador fundamentalista também pode ser chamado de LAJIDA.

ETF: sigla para *Exchange Traded Funds*, que em português soaria como FNB ou Fundos Negociados em Bolsa. Tais fundos relacionados aos índices, como o Ibovespa, são negociados como ações.

FIIs: sigla para Fundos de Investimento Imobiliário.

Fluxo de caixa: valor financeiro líquido de capital e seus equivalentes monetários que são transacionados – entrada e saída – por um negócio em um determinado período de tempo.

Futuro: tipo de negociação com prazos e condições pré-determinados, visando à garantia de preços mínimos e protegidos da volatilidade do mercado.

Hedge: operação financeira que busca a mitigação de riscos relacionados com as variações excessivas de preços dos ativos disponíveis no mercado.

JCP (JSCP): sigla para Juros Sobre Capital Próprio – uma forma alternativa aos dividendos para as empresas remunerarem seus acionistas, com retenção de impostos na fonte, reduzindo a carga tributária das empresas de forma legal.

Joint-venture: aliança entre empresas com vistas a empreendimentos ou projetos específicos de grande porte.

Liquidez corrente: indicador fundamentalista que expressa a relação entre o ativo circulante e o passivo circulante, demonstrando a capacidade da empresa de honrar compromissos no curto prazo.

Lote: no mercado financeiro brasileiro, o lote equivale a 100 ações como quantidade mínima ideal para compra e venda na Bolsa. Quando um lote é quebrado, as ações são negociadas no mercado fracionário, caso em que algumas corretoras de valores cobram taxas diferenciadas.

LPA: indicador fundamentalista que expressa o Lucro Por Ação.

Margem bruta: indicador fundamentalista que expressa o lucro bruto dividido pela receita líquida.

Margem líquida: indicador fundamentalista que expressa a relação entre o lucro líquido e a receita líquida.

Minoritários: investidores que adquirem ações em quantidades relativamente baixas, que impedem a sua participação na gestão das empresas.

Opção (OPC ou OTC): tipo de negociação que garante direito futuro de opção de compra ou de venda com preço pré-determinado.

Ordem: determinação de compra ou venda de ativo no mercado de capitais, que o aplicador comunica à sua corretora de valores para execução.

Papel: equivalente a ação (termo que fazia mais sentido quando as ações eram impressas e entregues ao portador).

Passivos: componentes contábeis das empresas, que representam seus compromissos, obrigações, dívidas e despesas circulantes e não circulantes, como salários de funcionários, empréstimos, tributos, dívidas com fornecedores.

P/Ativos: indicador fundamentalista que expressa a relação entre o Preço da ação e os Ativos totais por ação.

Patrimônio líquido: valor financeiro resultante da diferença entre os ativos e os passivos de uma empresa.

P/Capital de Giro: indicador fundamentalista que expressa a relação entre o Preço da ação e o Capital de Giro por ação, que por sua vez significa a diferença entre o ativo circulante e o passivo circulante da empresa.

PL (P/L): indicador fundamentalista para a relação entre Preço e Lucro, representando a cotação da ação no mercado dividida pelo seu lucro por ação.

Posição: situação do acionista em determinada empresa, fundo imobiliário ou ativo correlato. Quando um investidor zera a sua posição numa empresa ou num fundo imobiliário, por exemplo, significa que ele vendeu todas as suas ações ou cotas.

Pregão: período de negociações na Bolsa de Valores com negócios realizados eletronicamente. Antigamente, os pregões eram presenciais.

PSR: indicador fundamentalista cuja sigla em inglês indica *Price Sales Ratio* e equivale ao preço da ação dividido pela receita líquida por ação.

P/VP: indicador fundamentalista que expressa a relação entre o Preço da ação e o Valor Patrimonial da ação.

Realizar lucros: vender ações para converter as valorizações em capital disponível para outros fins.

Resistência: valor historicamente mais alto atingido pela cotação de determinada ação.

ROE: sigla em inglês para *Return On Equity*. Também é conhecido no Brasil como RPL, ou seja, Retorno sobre o Patrimônio Líquido. Essa métrica indica o quanto uma empresa é rentável, mostrando o lucro líquido dividido pelo seu patrimônio líquido.

ROIC: sigla em inglês para *Return On Invested Capital*, que em português significa Retorno Sobre o Capital Investido, ou seja, o capital próprio da empresa somado ao capital de terceiros.

SA (S/A): sigla para Sociedade Anônima, comum nas razões sociais das empresas de capital aberto.

Small Caps: empresas de porte menor se comparadas com as *Blue Chips*, com baixo volume diário de negociações e pouca liquidez no mercado.

Stop Loss: ordem de venda automatizada de uma ação, pré-determinada pelo aplicador junto à corretora de valores, para evitar perdas com quedas excessivas das cotações.

Stop Gain: ordem de venda automatizada de uma ação, pré-determinada pelo aplicador junto à corretora de valores, para realizar lucros.

Subscrição: situação que ocorre quando as empresas oferecem novas ações preferencialmente para seus acionistas. O mesmo se aplica aos fundos imobiliários em relação aos seus cotistas.

Swing Trade: operação especulativa de compra e venda de ativo listado na Bolsa, realizada em prazos curtos, que variam de três dias até algumas semanas.

Tag Along: mecanismo de proteção concedido aos acionistas minoritários por um empreendimento que possui suas ações negociadas na Bolsa de Valores, caso ocorra um processo de venda do controle para terceiros, por parte dos acionistas majoritários.

Termo: tipo de negócio realizado com pagamento a prazo.

Ticker: código pelo qual os ativos são negociados em Bolsas de Valores. Por exemplo, TIET3 é o código da ação ordinária da Geradora Tietê. TIET4 é o código da ação preferencial da mesma empresa e TIET11 é o código das suas *Units*. Já o BDR do Google usa o código GOOG35.

Underwrite: ato de subscrever ações ofertadas pelas empresas.

Units: ativos compostos por mais de uma classe de valores mobiliários, como, por exemplo, um conjunto de ações ordinárias e preferenciais.

Valuation: conjunto de ponderações técnicas e subjetivas para avaliar uma empresa ou um fundo imobiliário, visando encontrar o valor justo de suas ações ou cotas, bem como seu potencial de retorno para investidores.

VPA: indicador fundamentalista que expressa o Valor Patrimonial por Ação, ou seja: o valor do patrimônio líquido dividido pelo número total de ações.

Envie seus comentários via e-mail:
contato@sunoresearch.com.br

Leia também:
Guia Suno Dividendos
Guia Suno de Contabilidade para Investidores
Guia Suno Fundos Imobiliários
101 Perguntas e Respostas para Investidores Iniciantes
Guia Suno *Small Caps*

Projeto editorial da Suno Research
Projeto Guias Suno: Tiago Reis
Coordenação: Leonardo Dirickson
Editor: Fabio Humberg
Editor associado: Jean Tosetto
Colaboração: Caio Galassi Alexandre
Capa: Jean Tosetto (fotografia) & Mayana Nobre (diagramação)
Diagramação: Alejandro Uribe
Revisão: Humberto Grenes / Cristina Bragato

Dados Internacionais de Catalogação na Publicação (CIP)
(Câmara Brasileira do Livro, SP, Brasil)

Mosmann, Gabriela
    Guia Suno Fundos de Investimentos : como lucrar
com estrategistas profissionais do mercado
financeiro / Gabriela Mosmann. -- 1. ed. --
São Paulo : Editora CL-A Cultural, 2021.

    ISBN 978-65-87953-09-0

    1. Ações (Finanças) 2. Bolsa de valores
3. Economia 4. Finanças 5. Investimentos - Análise
6. Mercado financeiro 7. Negócios I. Título.

20-47168   CDD-332.6

Índices para catálogo sistemático:

1. Mercado financeiro : Economia   332.6

(Maria Alice Ferreira - Bibliotecária - CRB-8/7964)

Editora CL-A Cultural Ltda.
Tel.: (11) 3766-9015 | Whatsapp: (11) 96922-1083
editoracla@editoracla.com.br | www.editoracla.com.br
linkedin.com/company/editora-cl-a/